JETT SYKES

the children's book for adults

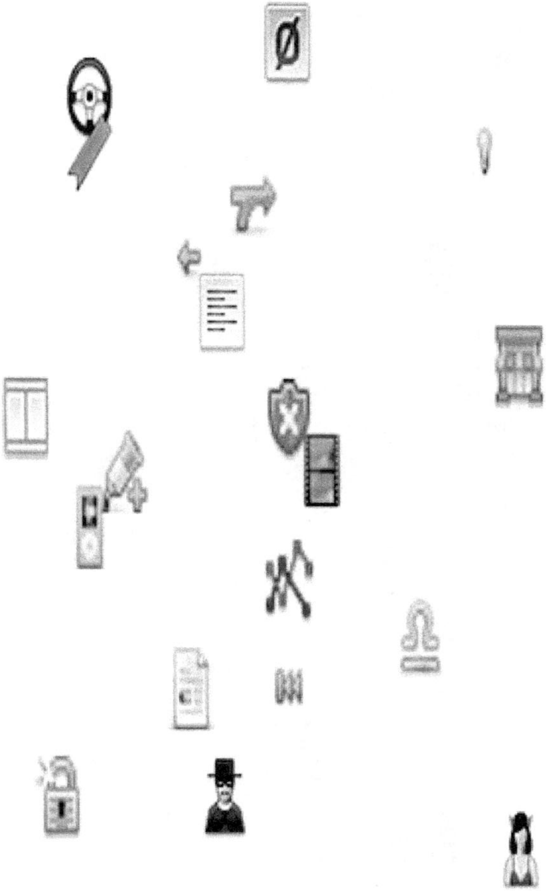

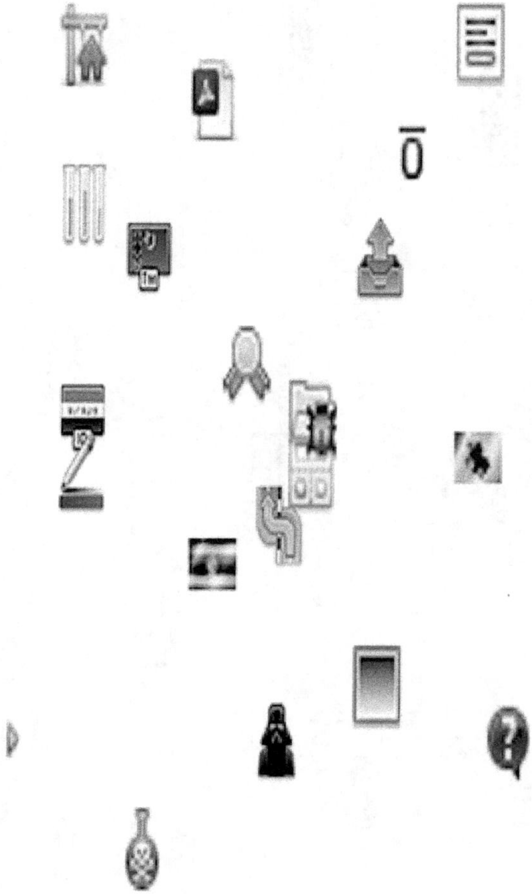

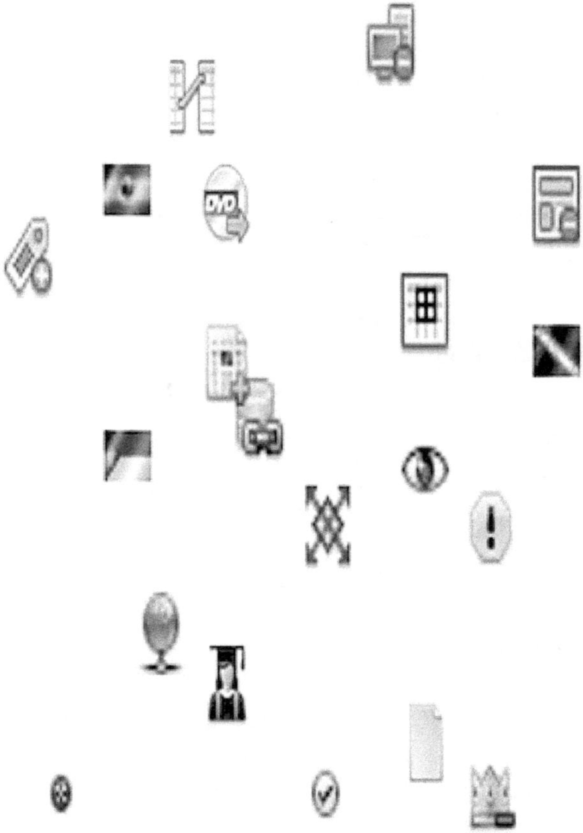
DVD

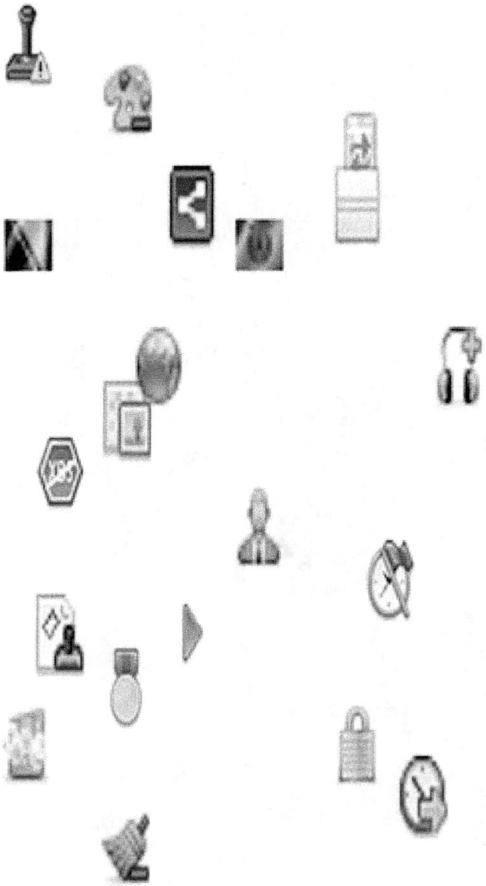

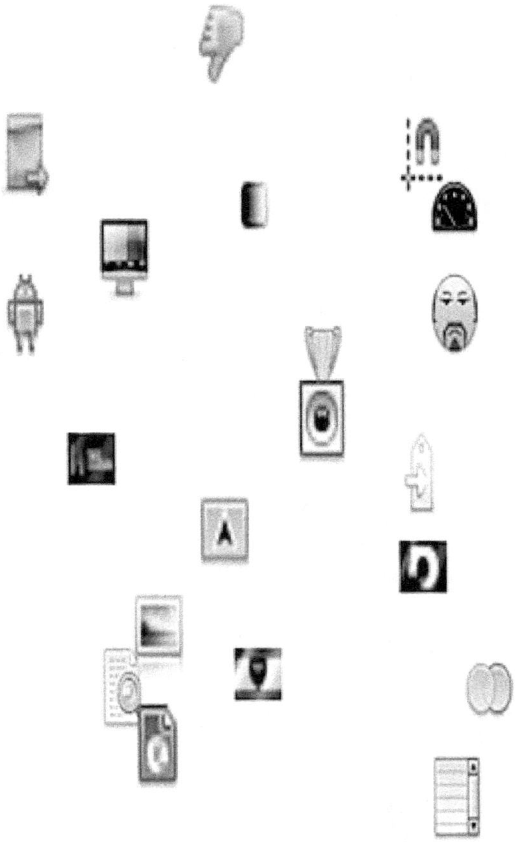

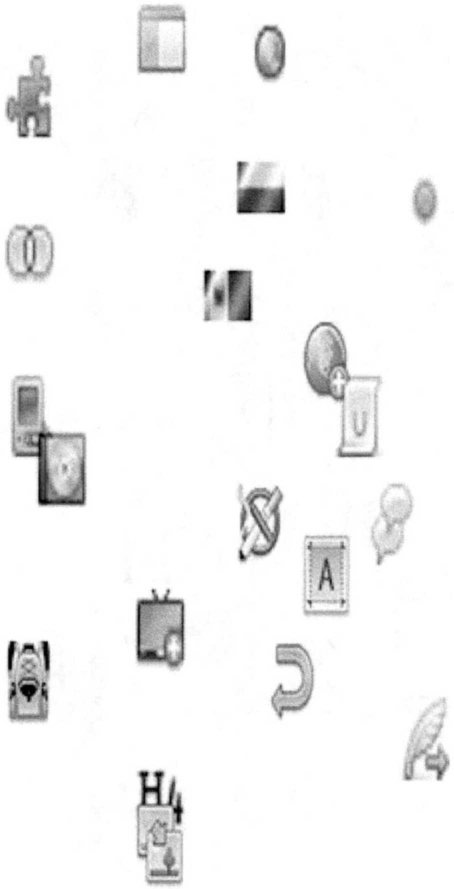

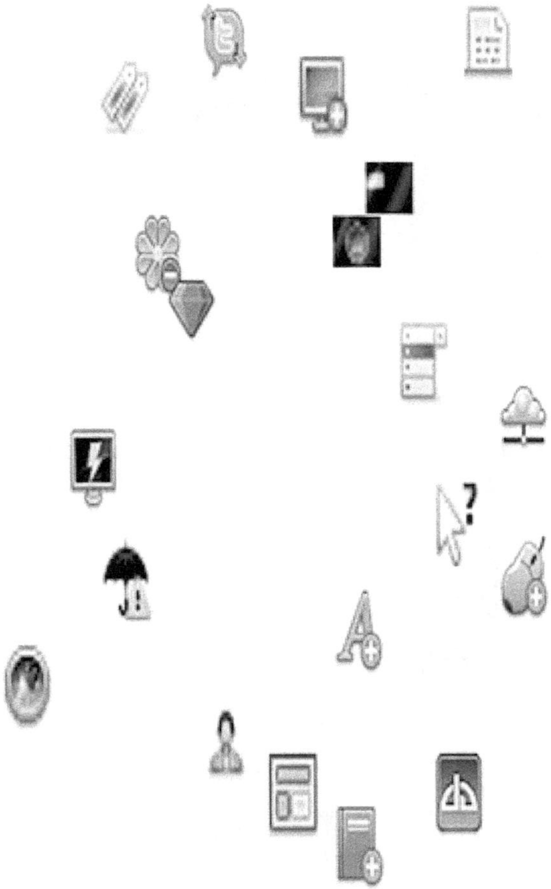

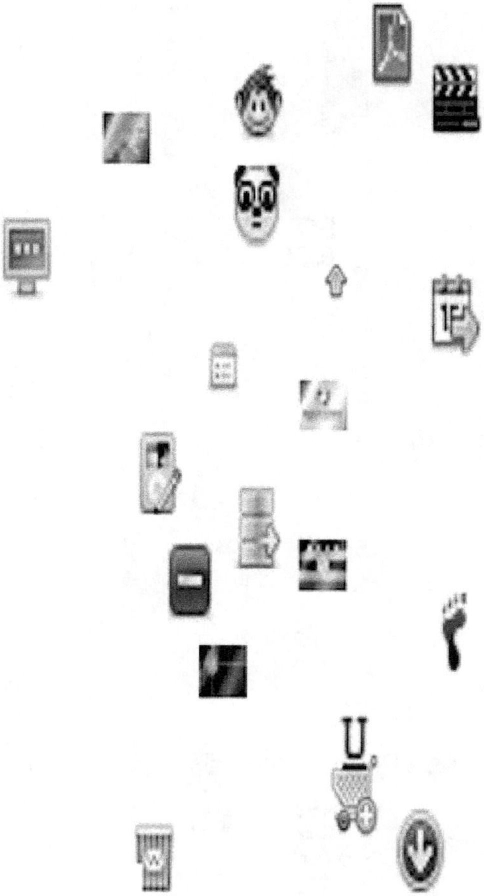

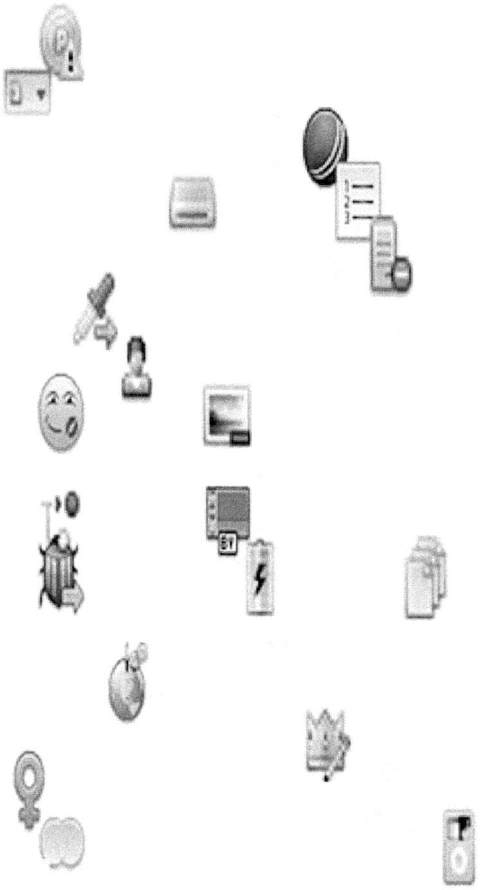

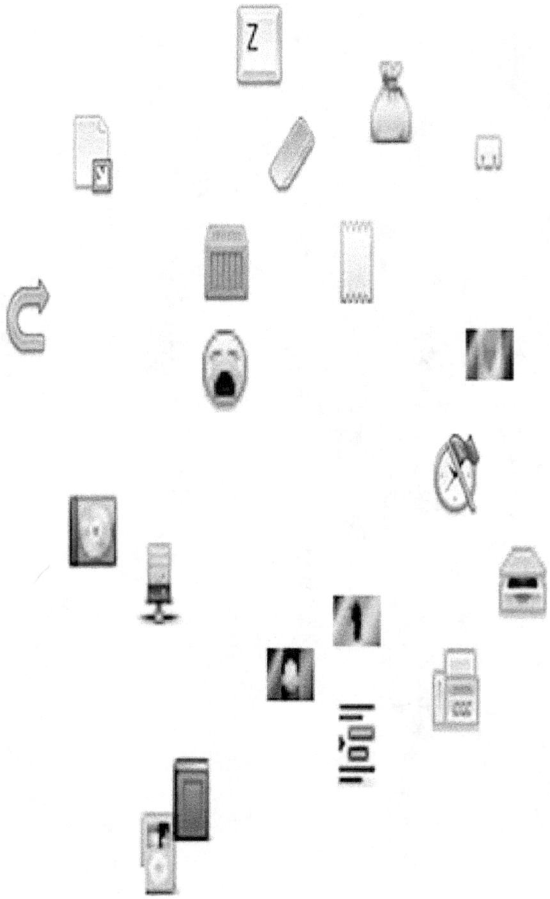

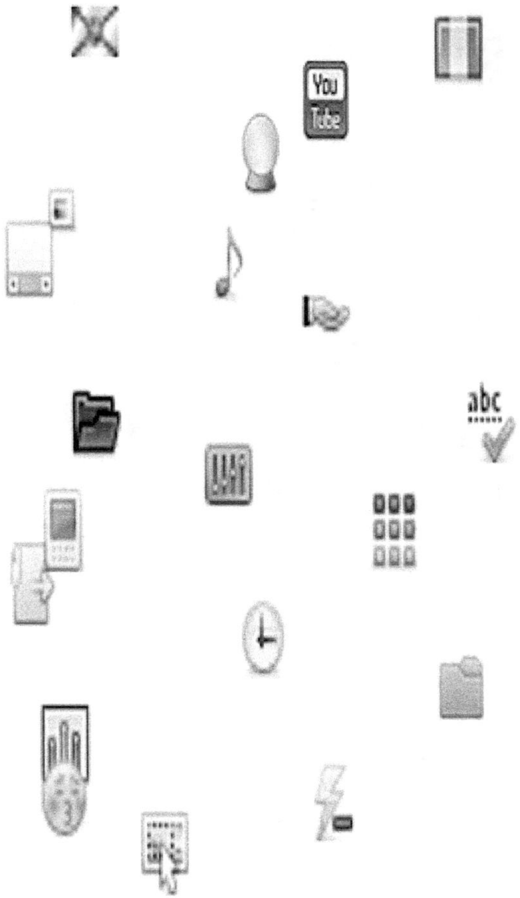
You
Tube
abc

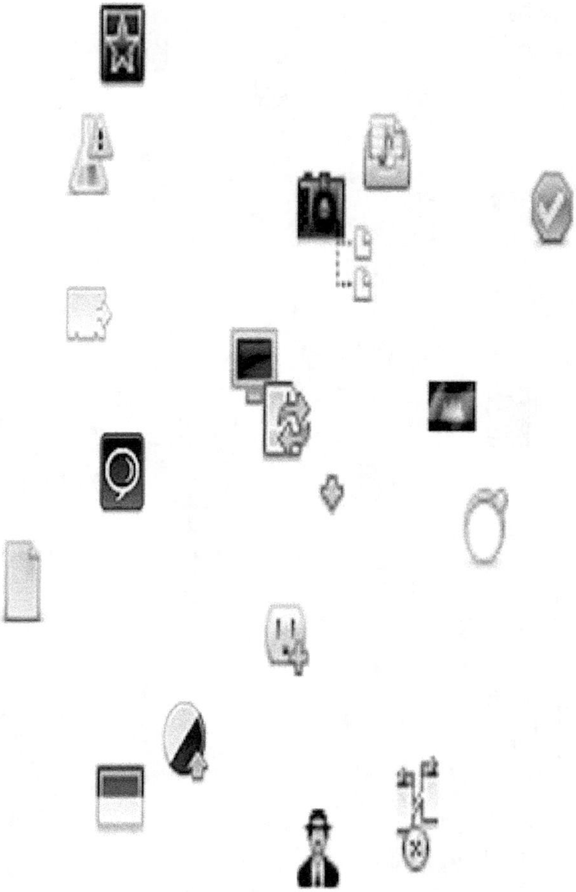

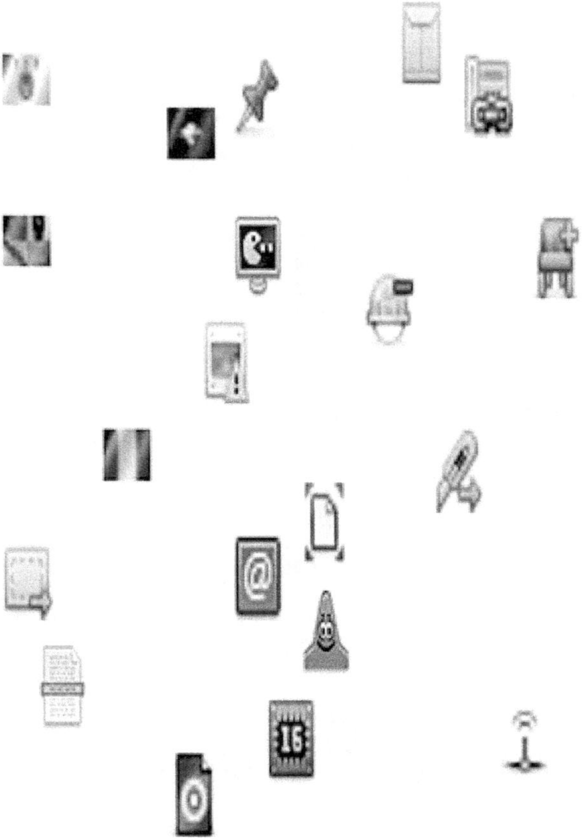

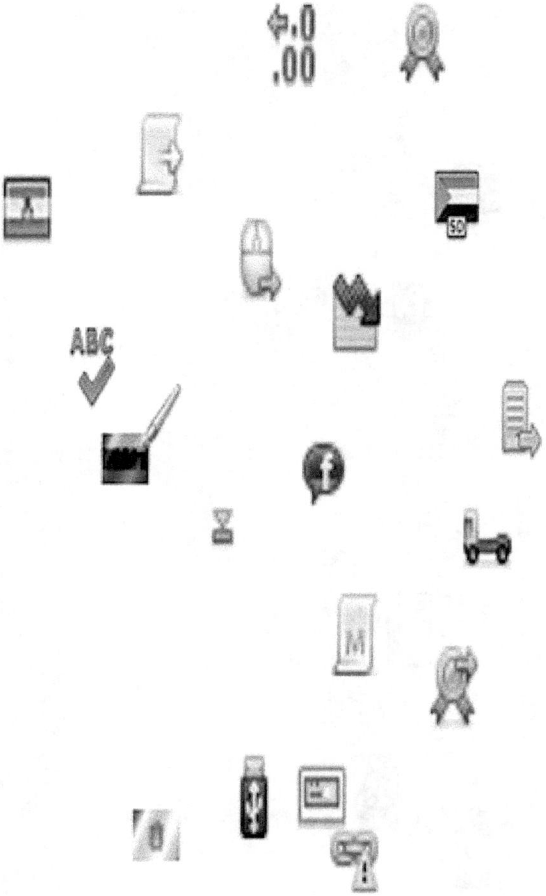
ABC

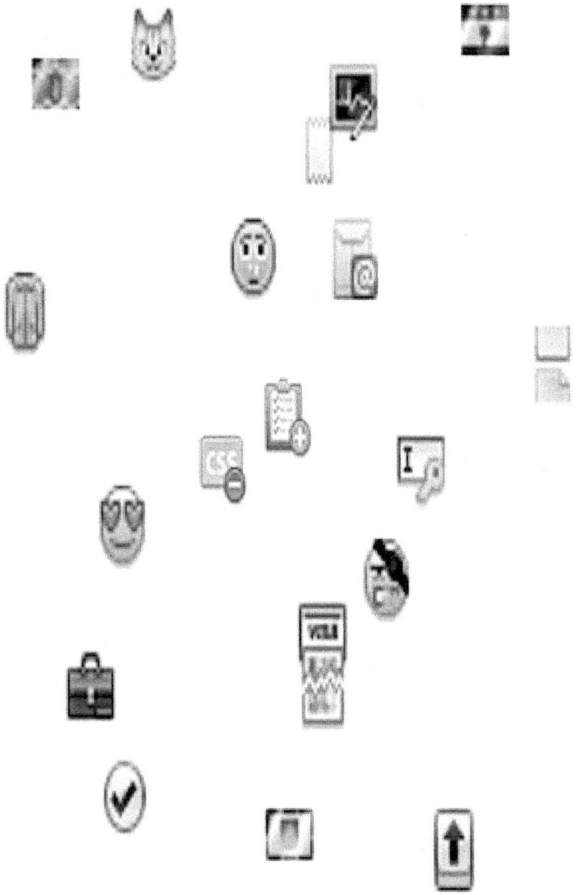
CSS
VISA

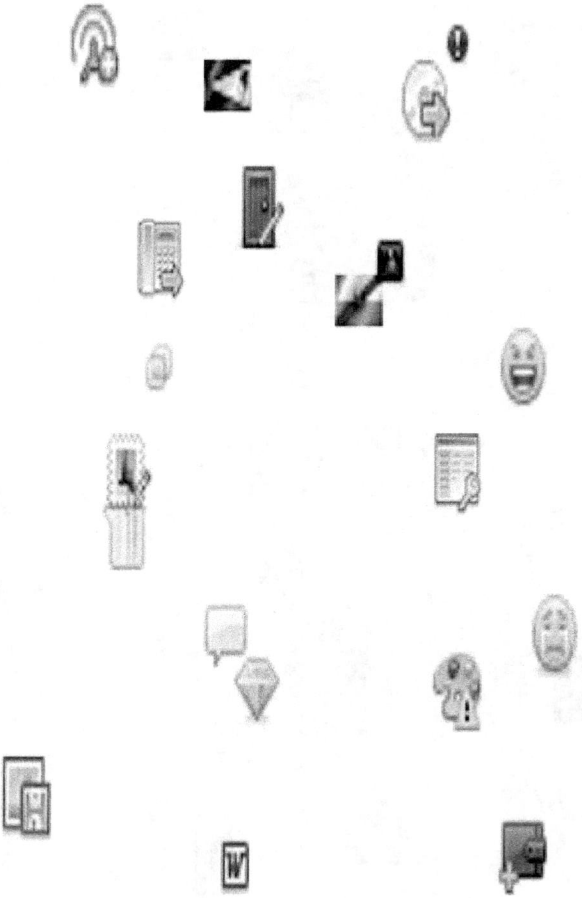

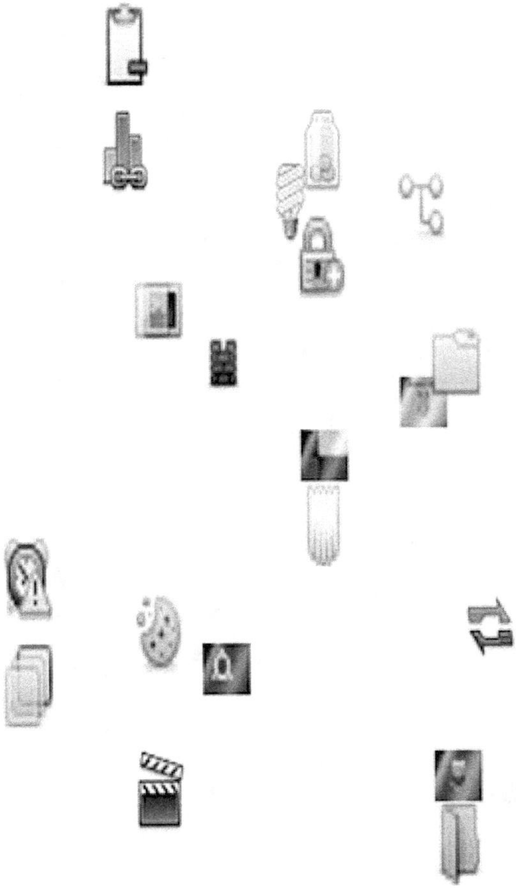

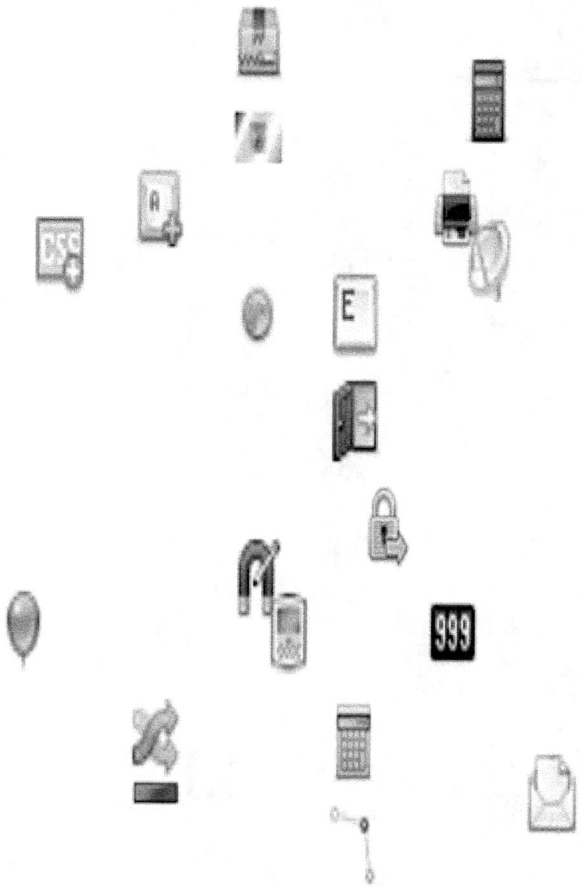
A
E
999

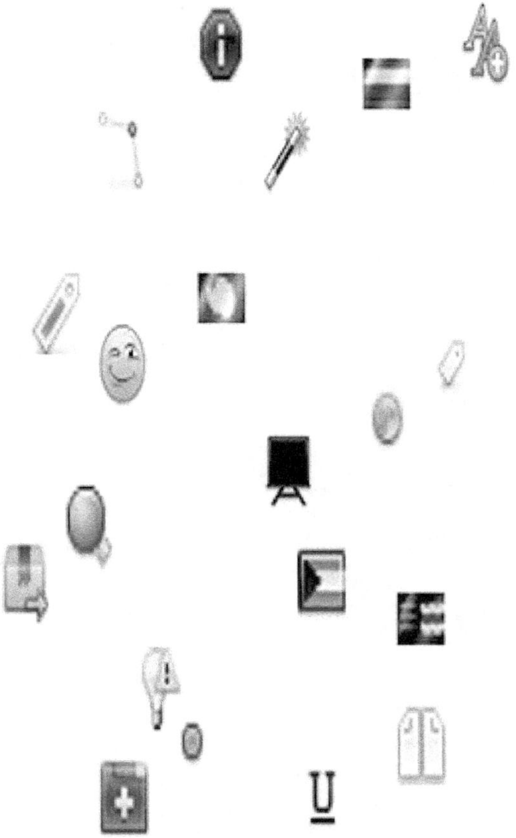

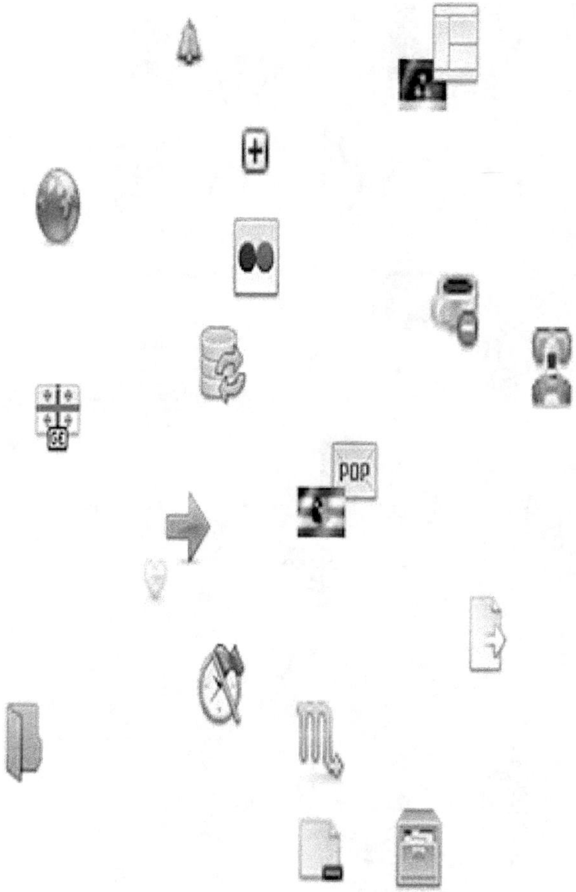
POP

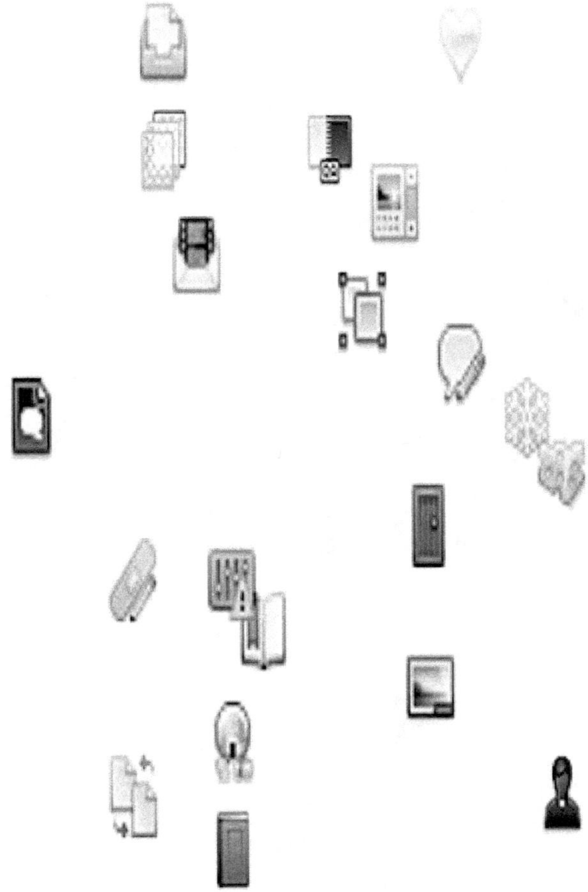

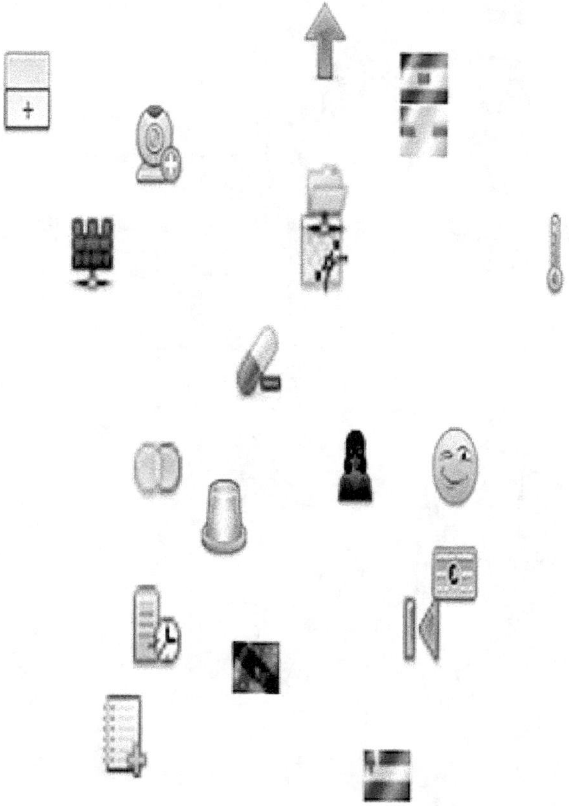

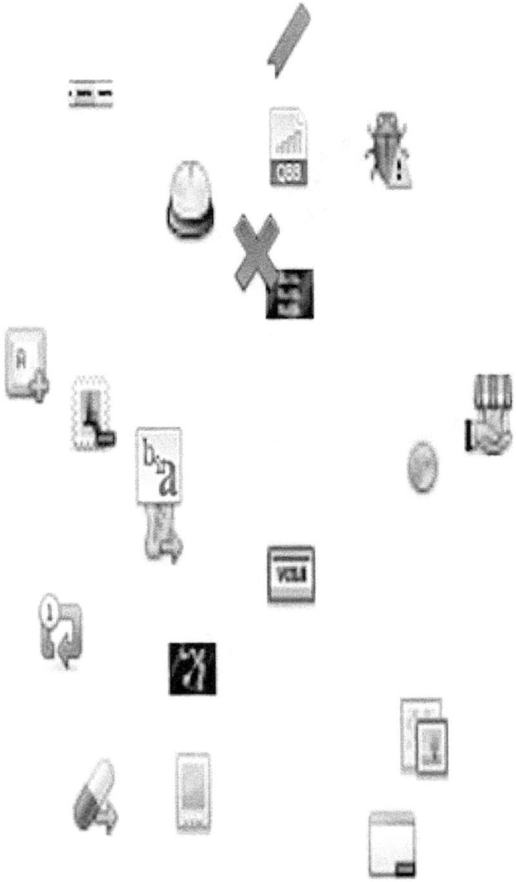

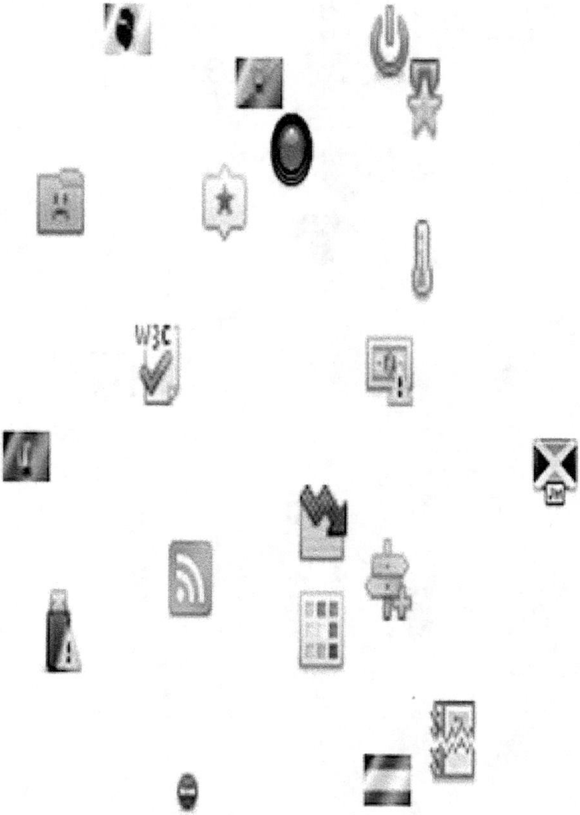
W3C

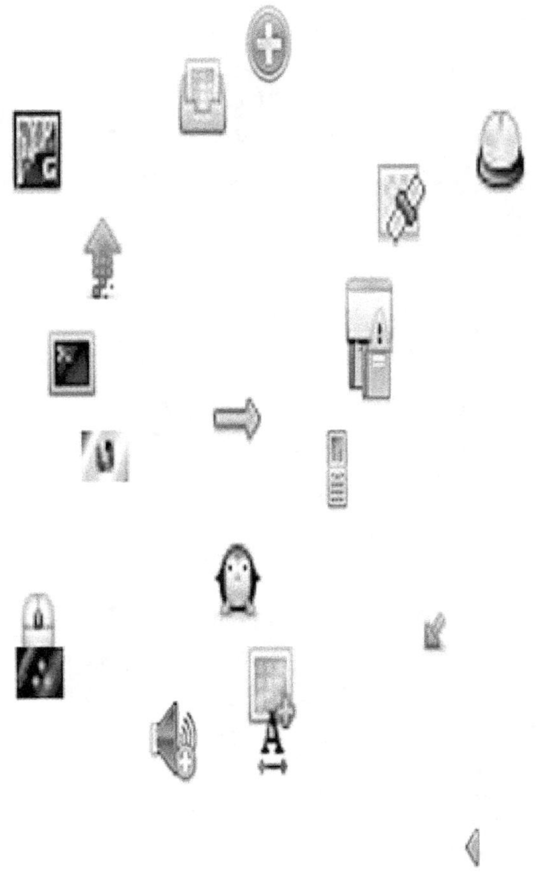

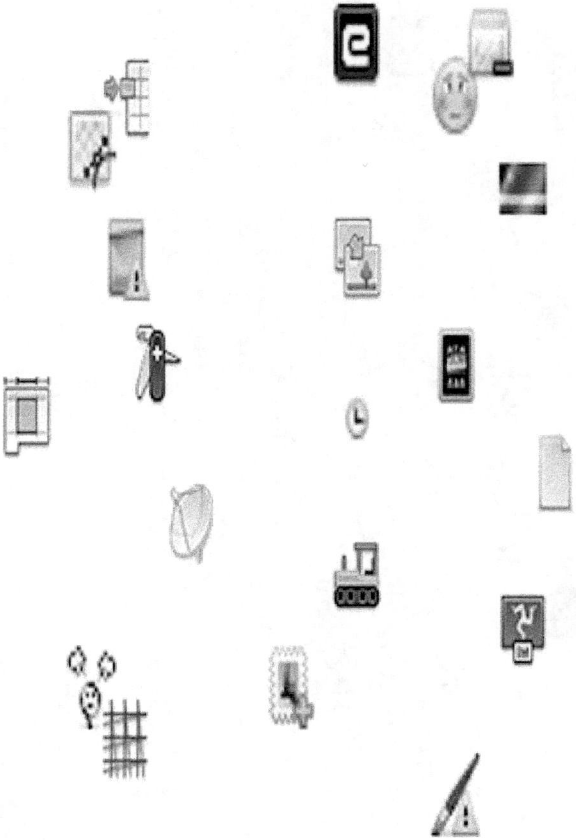

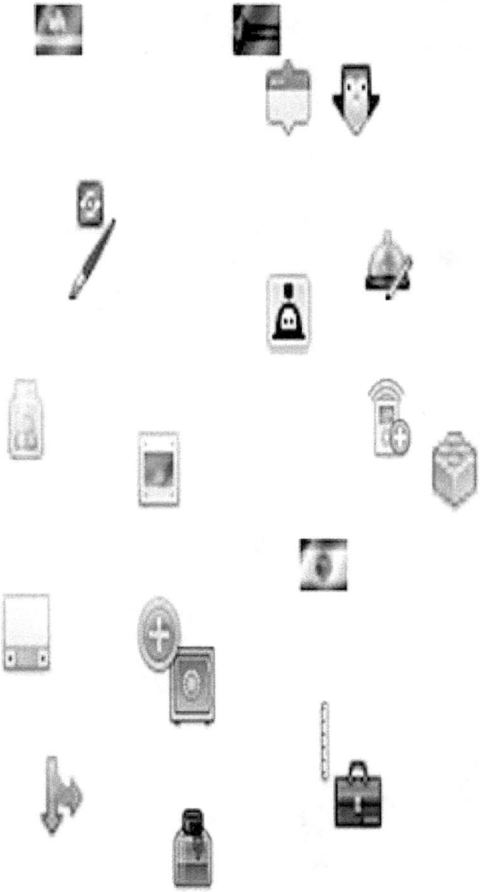

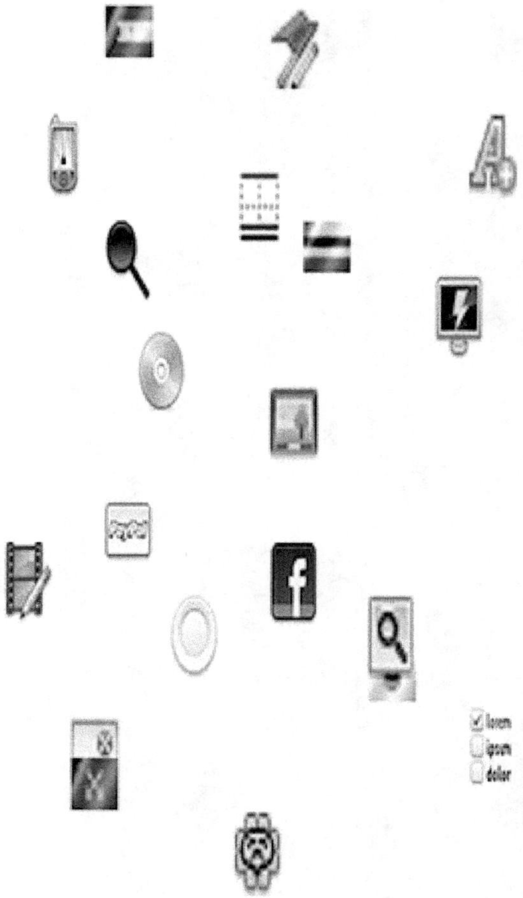
lorem
ipsum
dolor

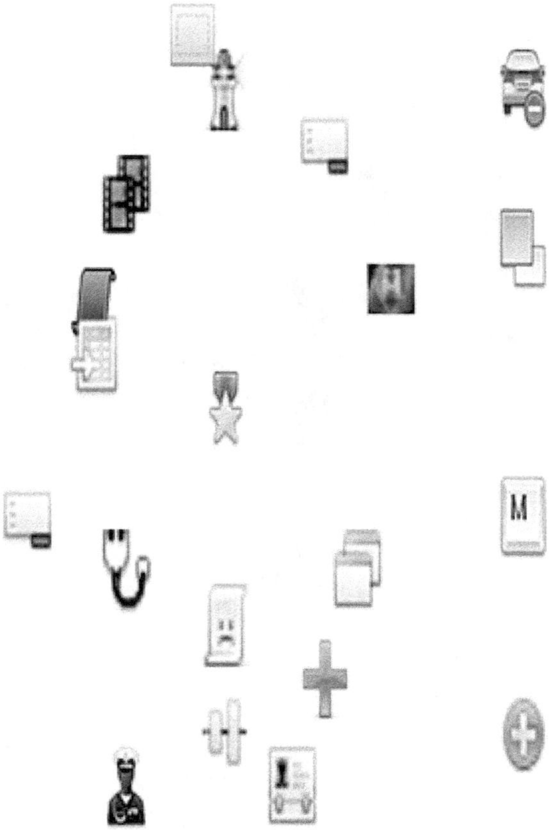

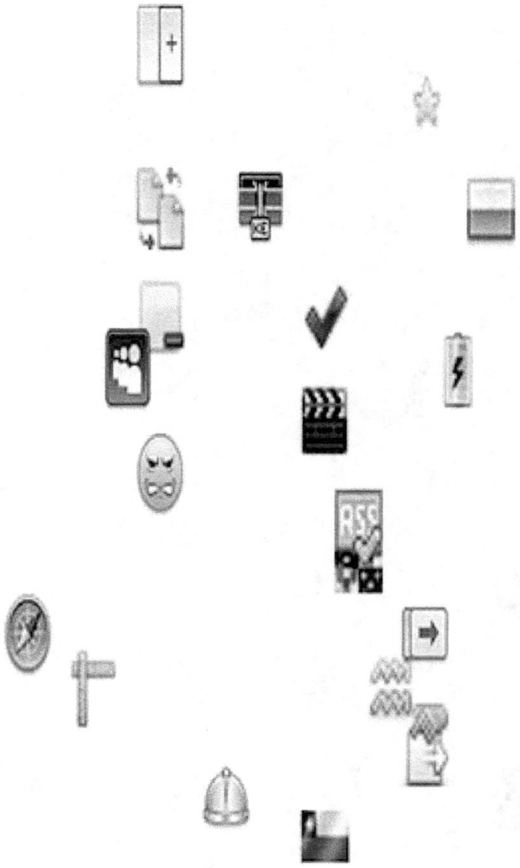

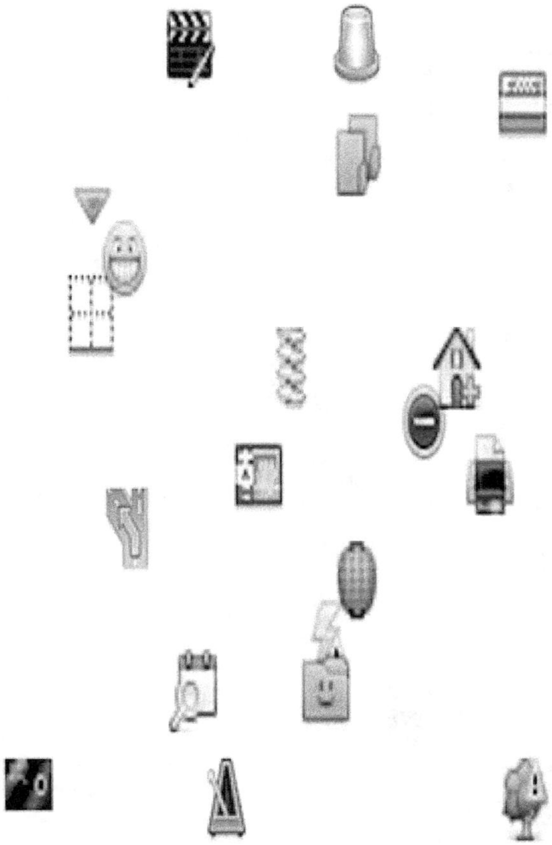

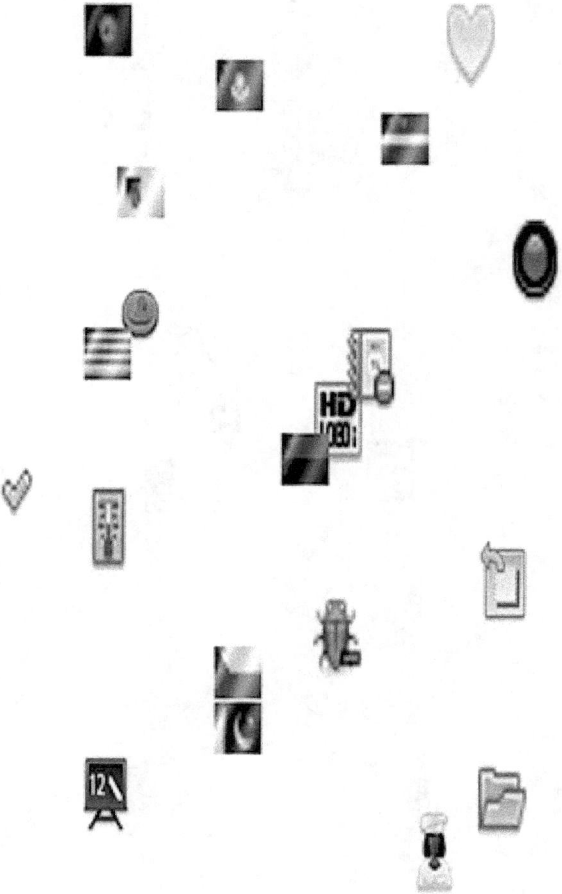

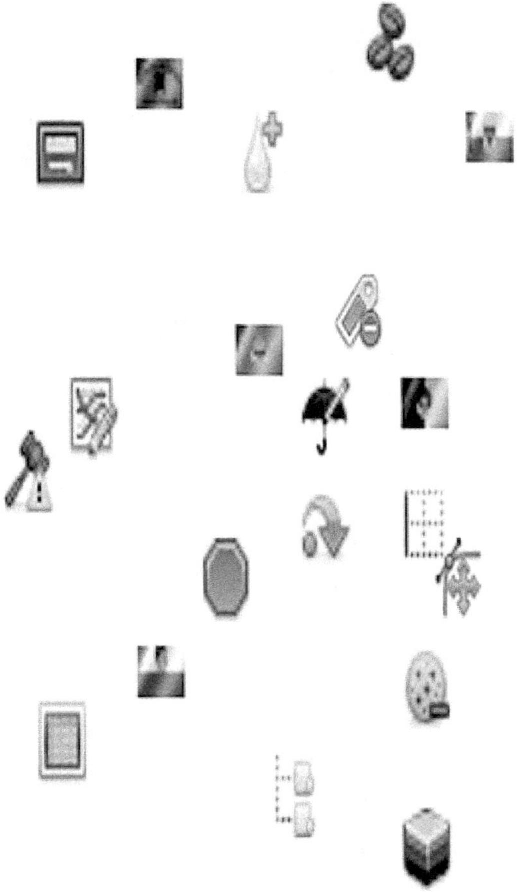

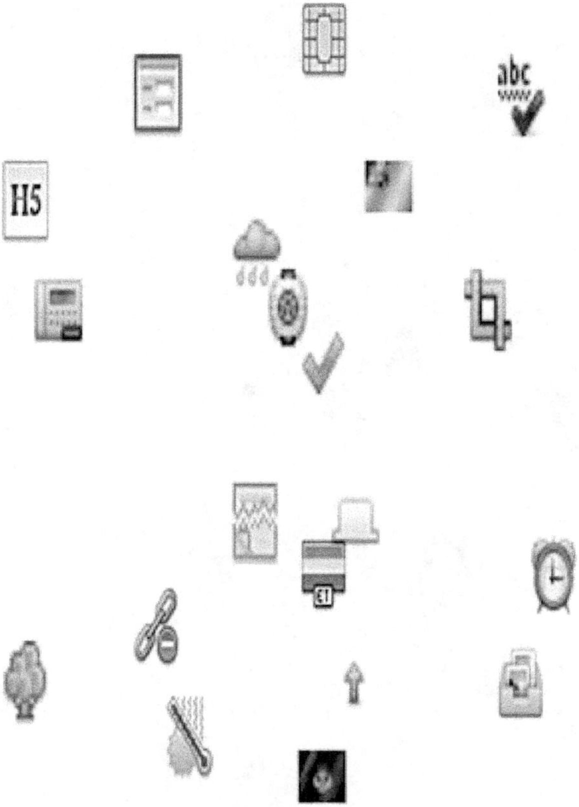
abc
H5

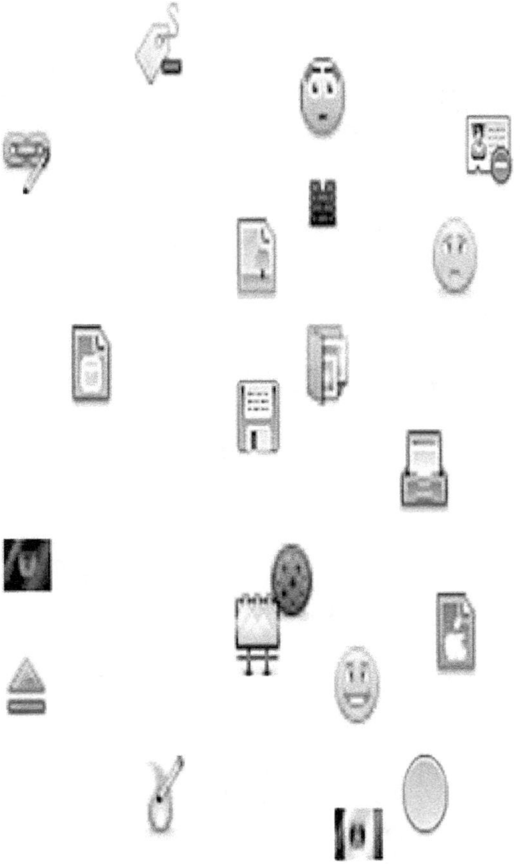

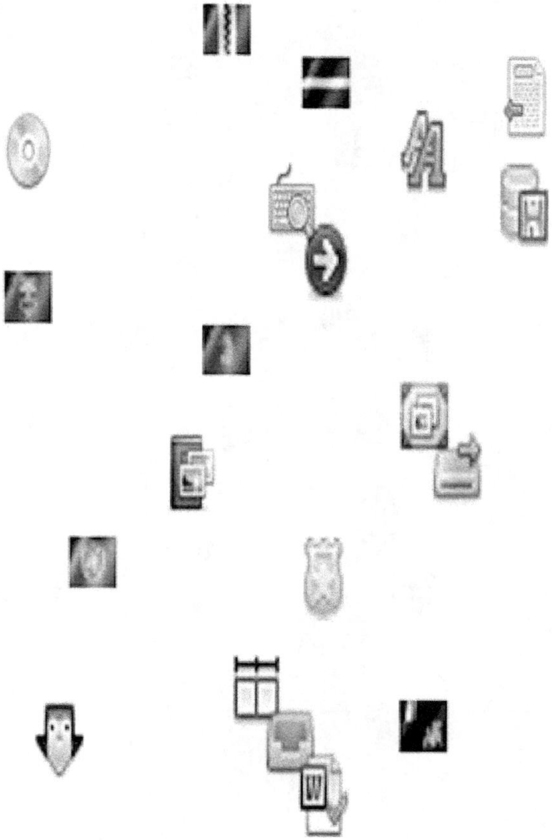

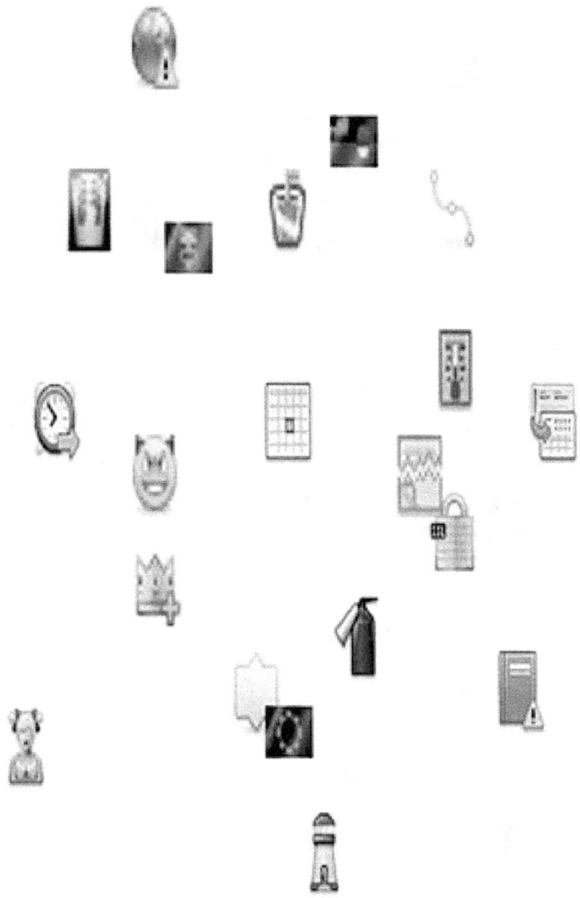

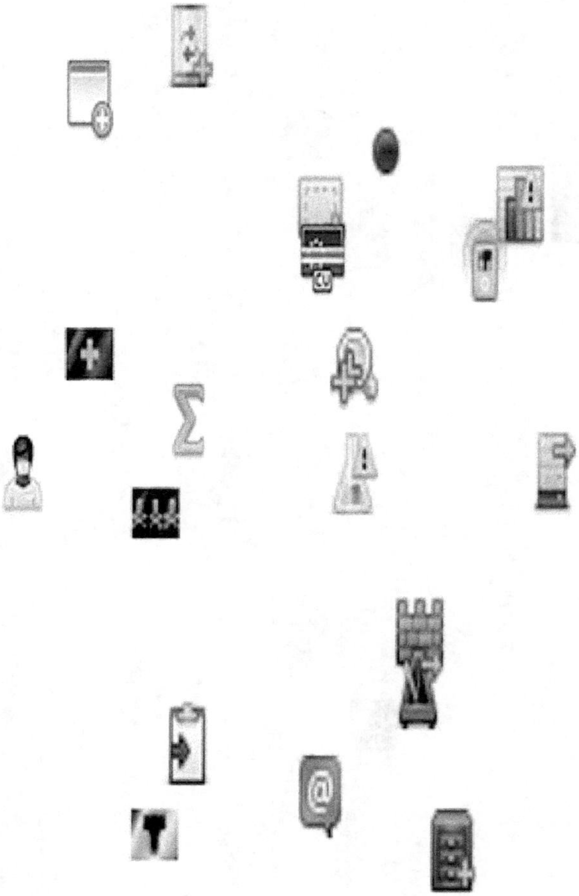

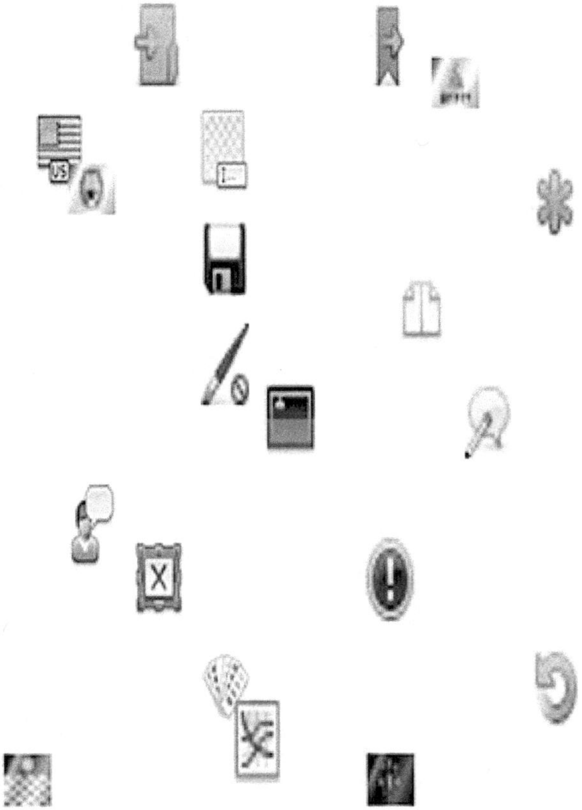

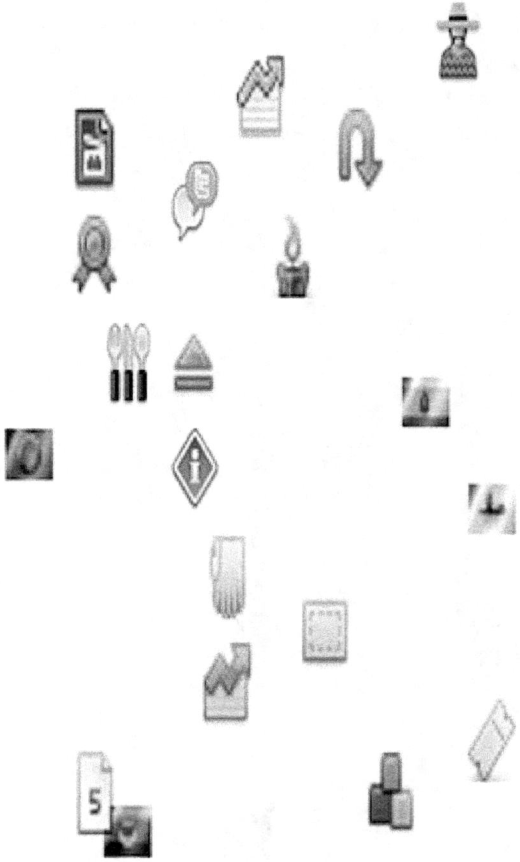

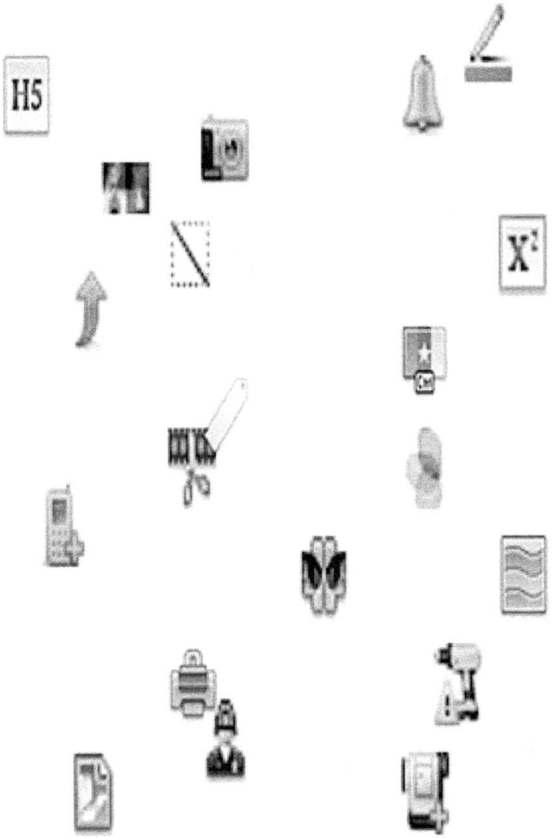
H5

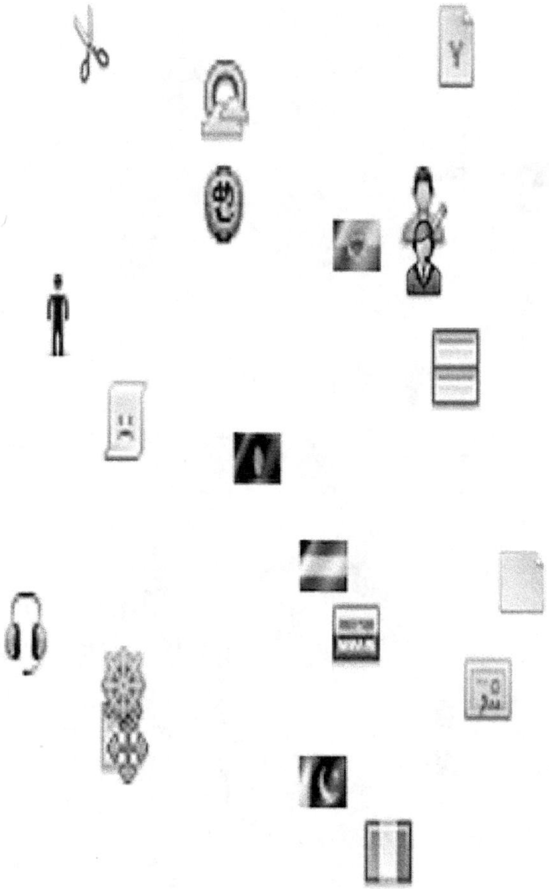

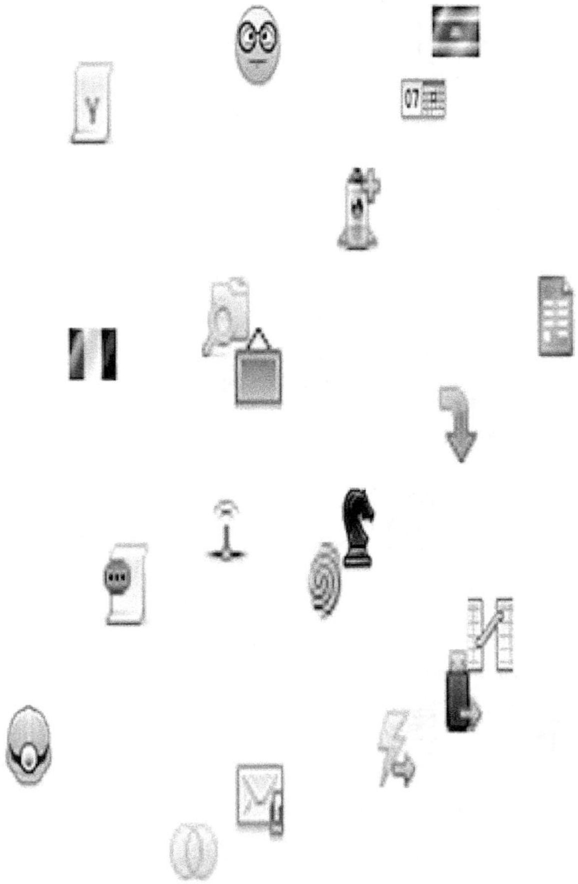

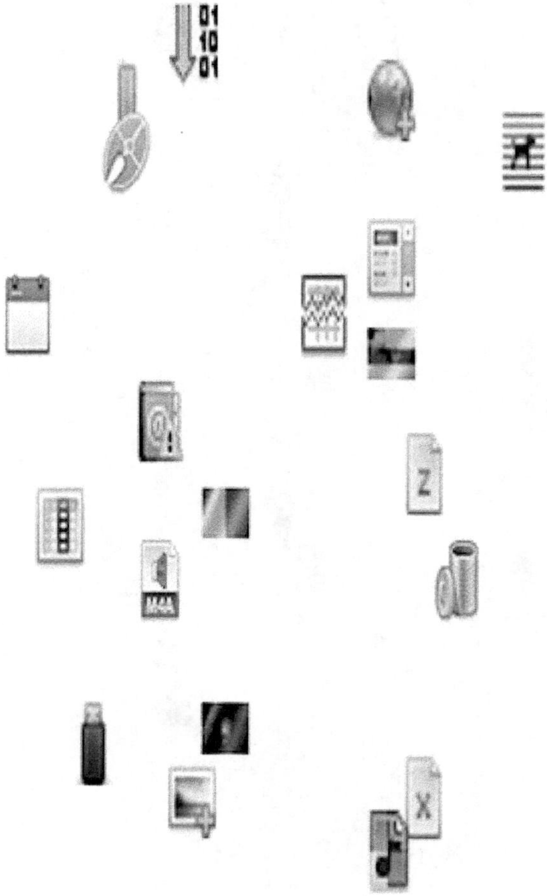

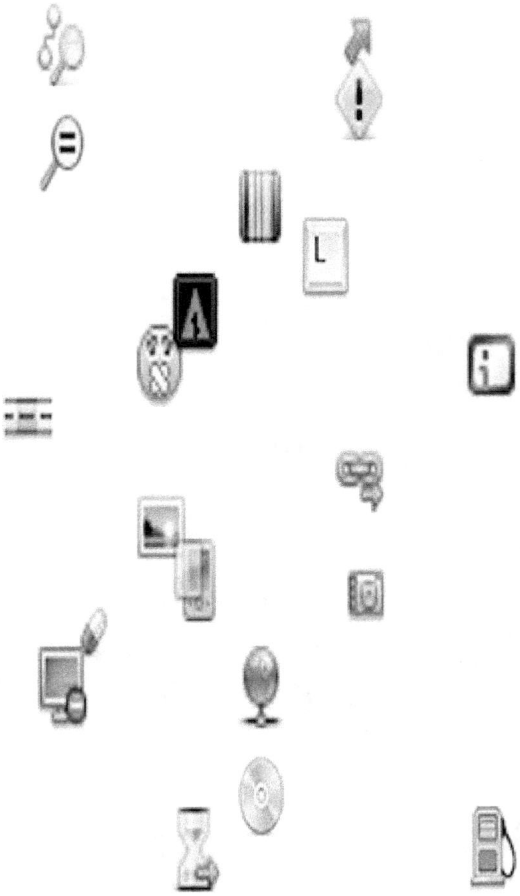

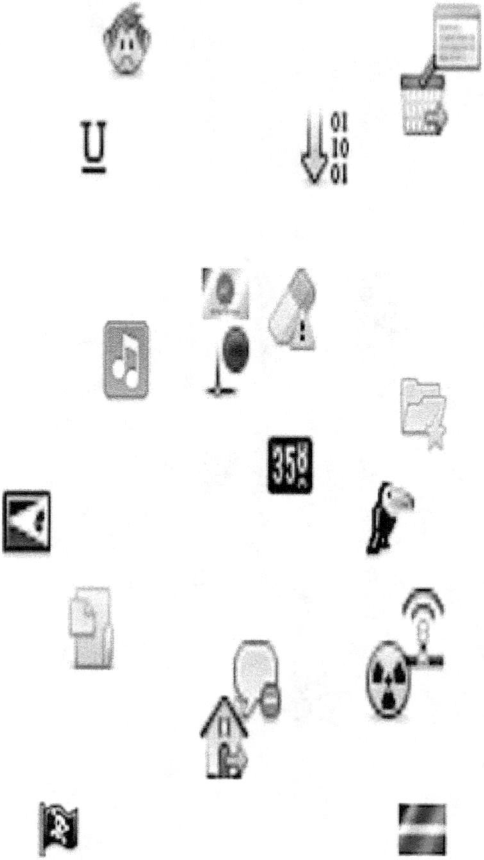

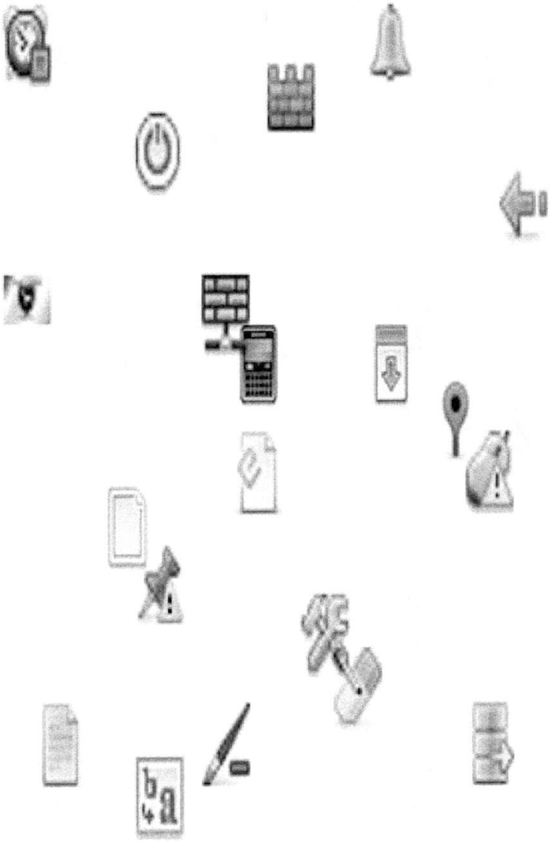

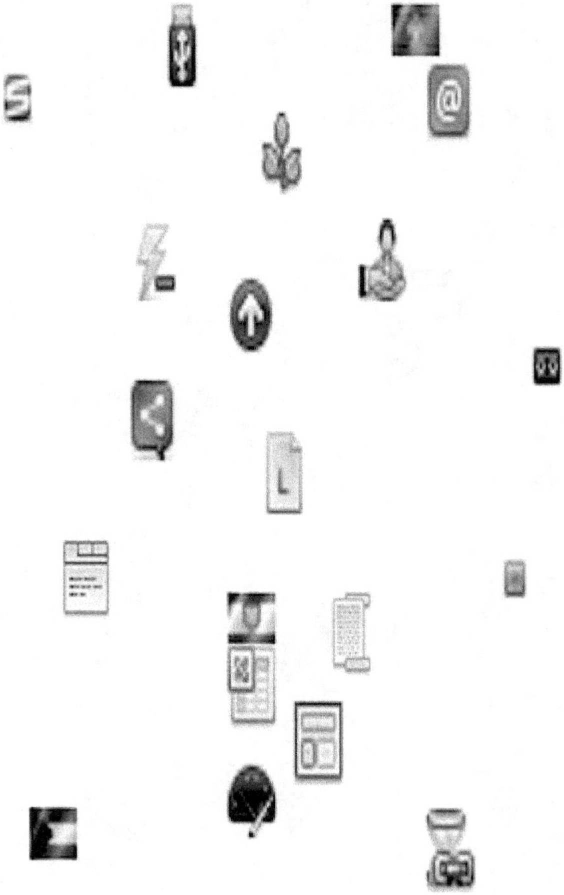

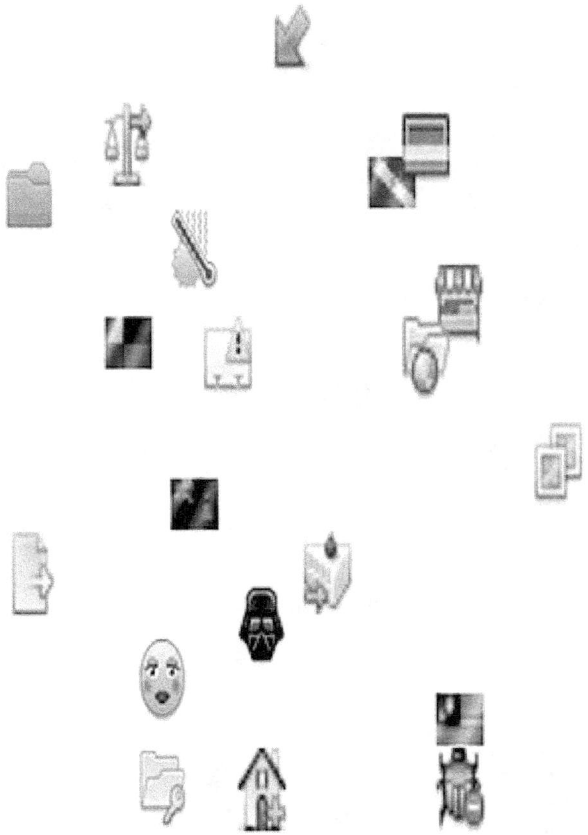

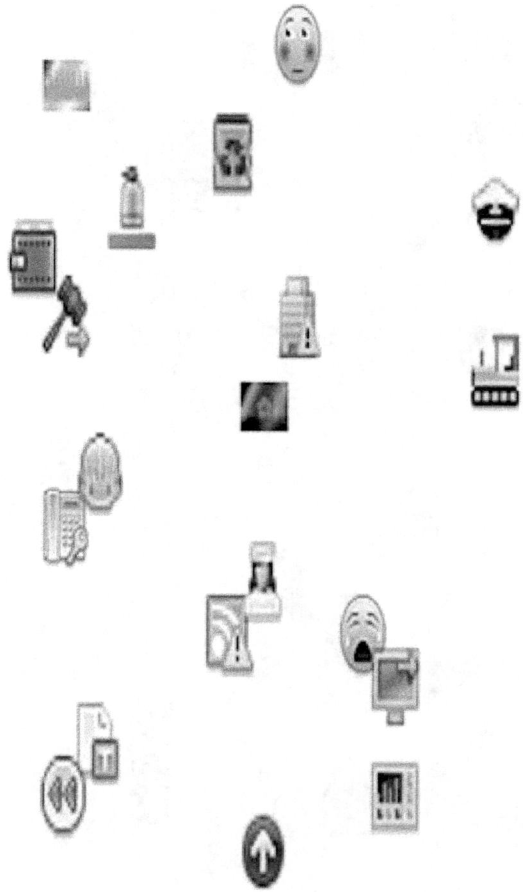

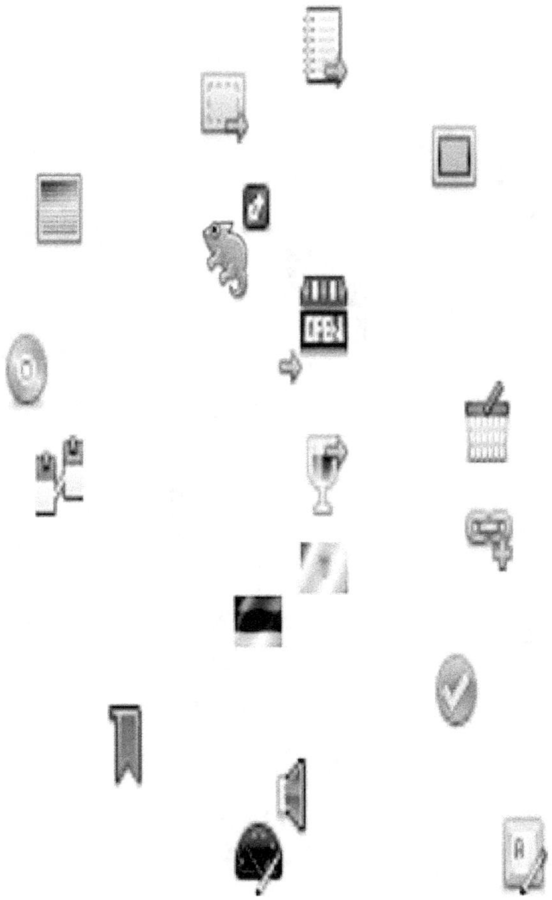

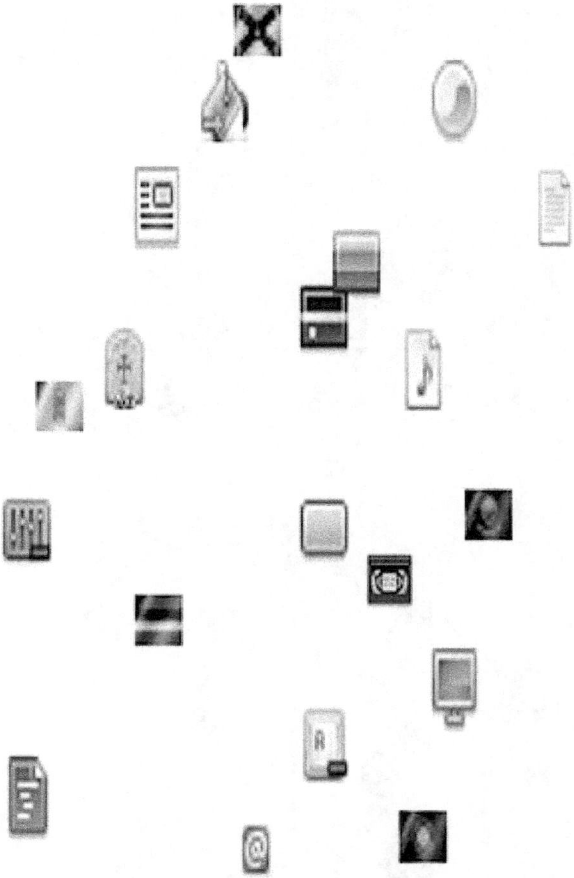

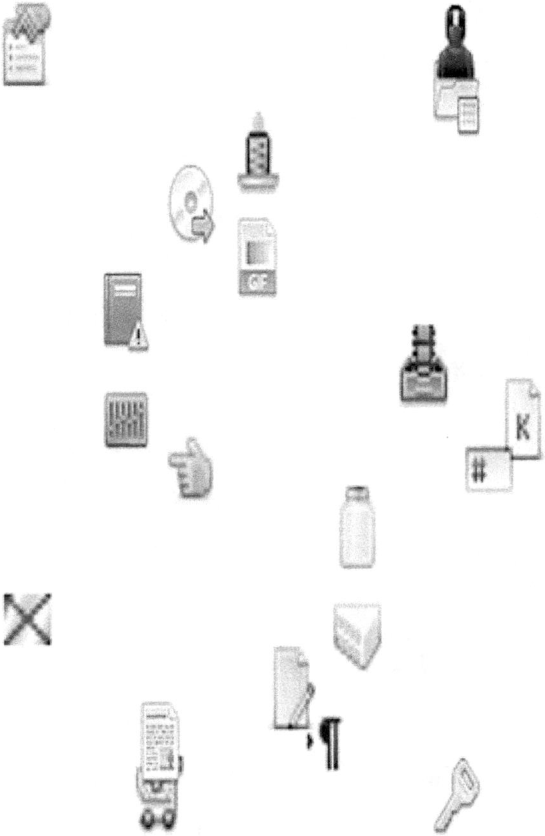

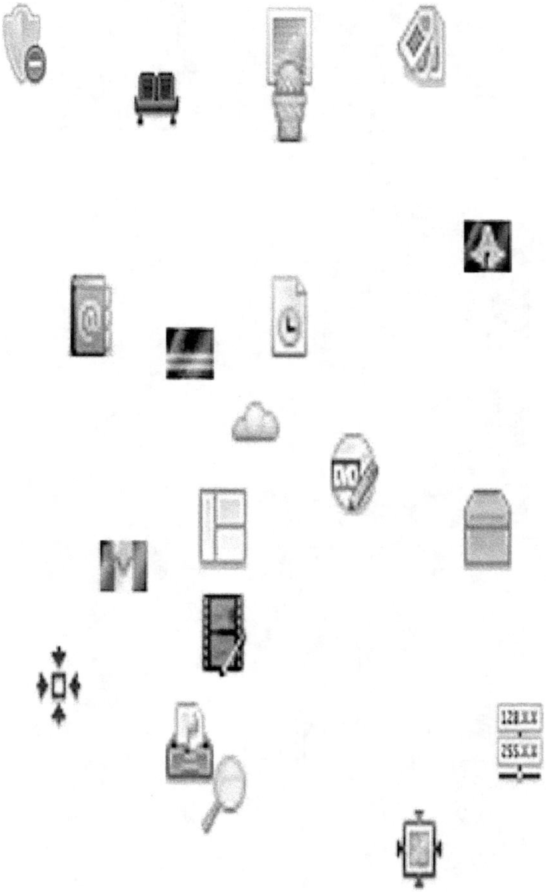

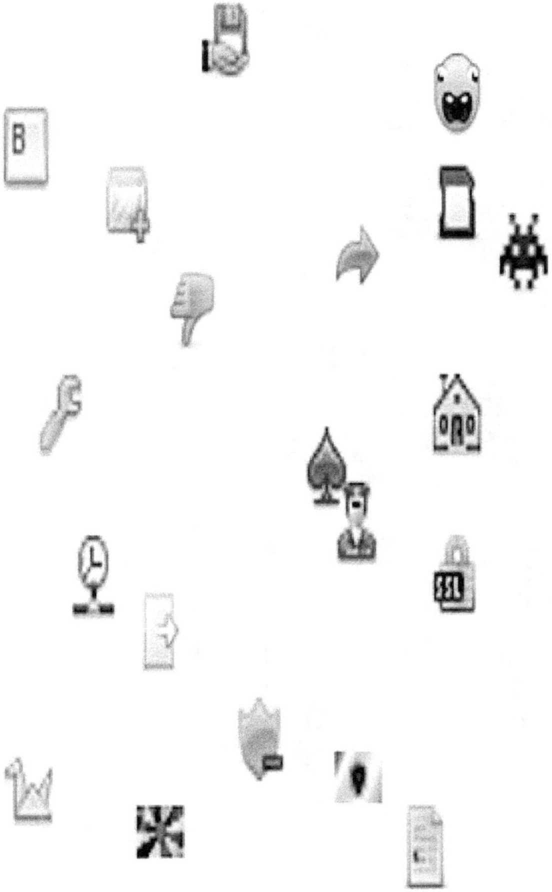

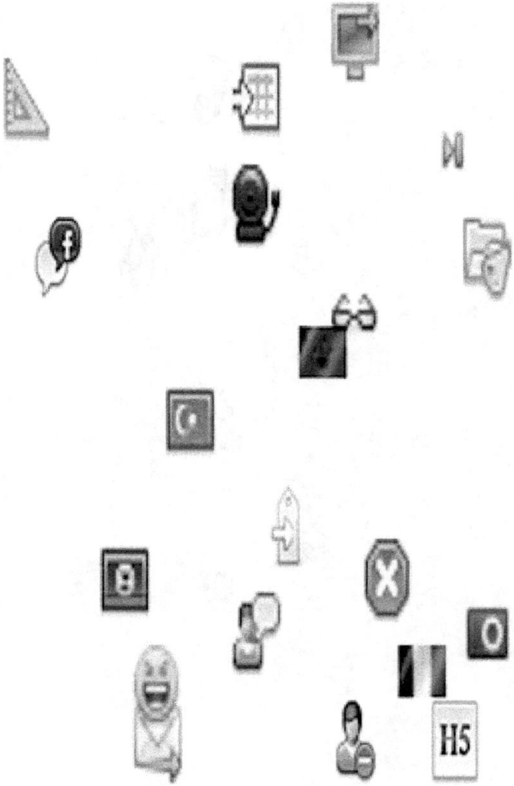
H5

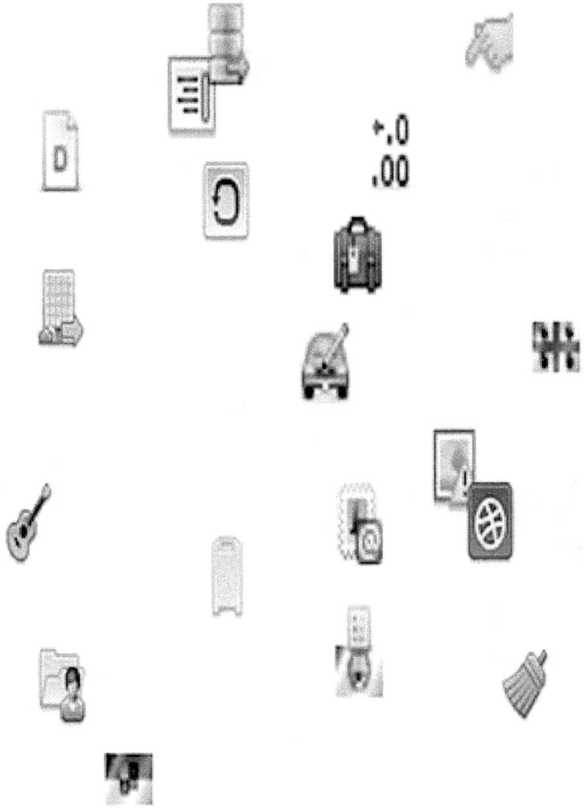

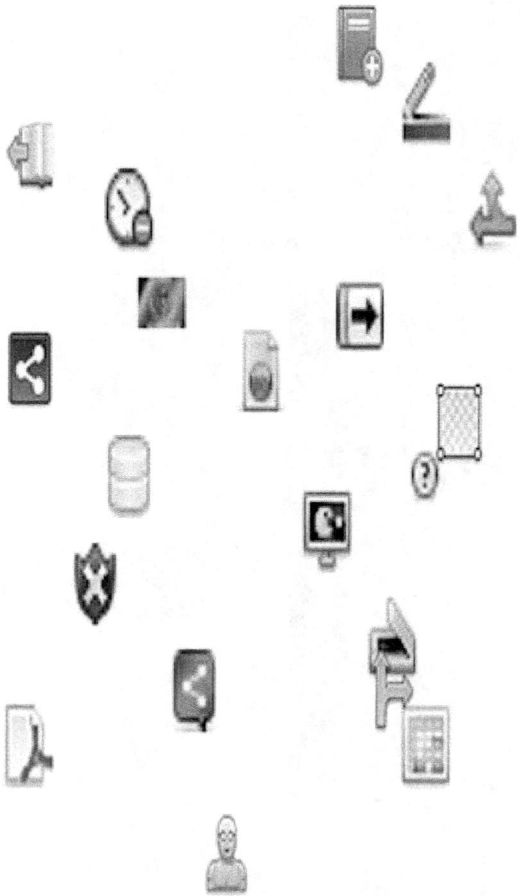

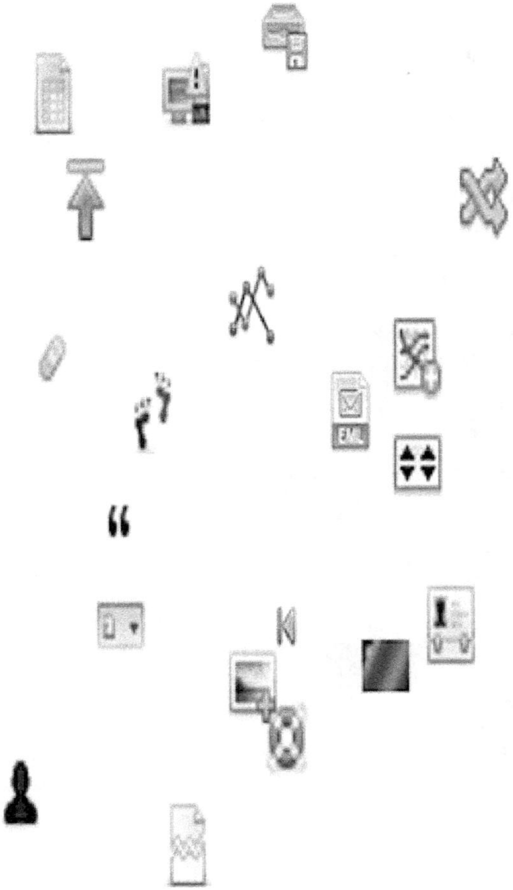
EML

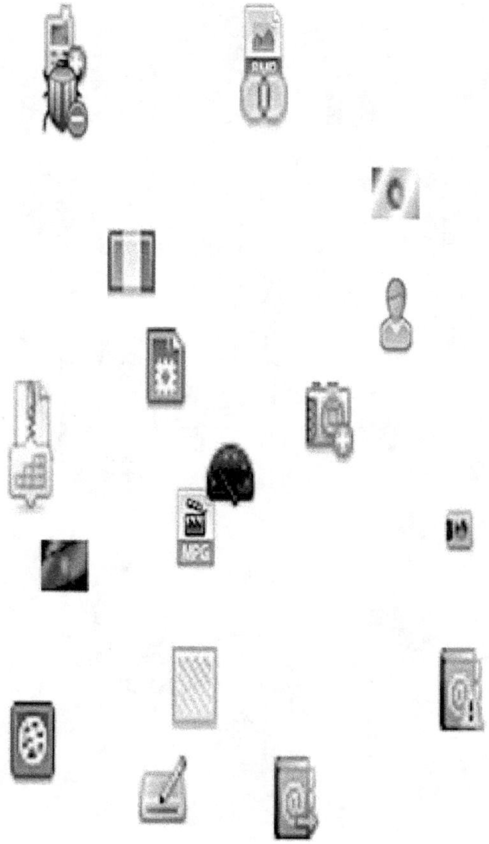
MPG

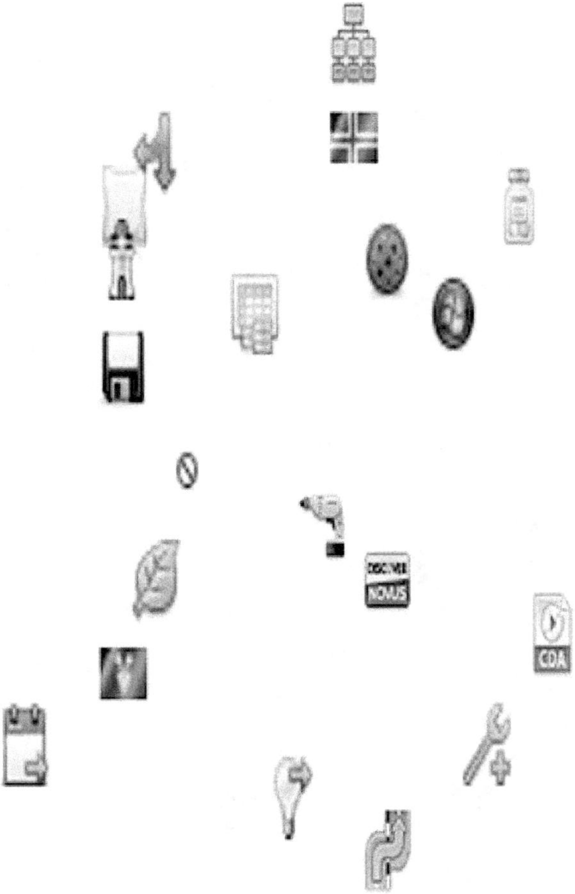
NOVUS
CDA

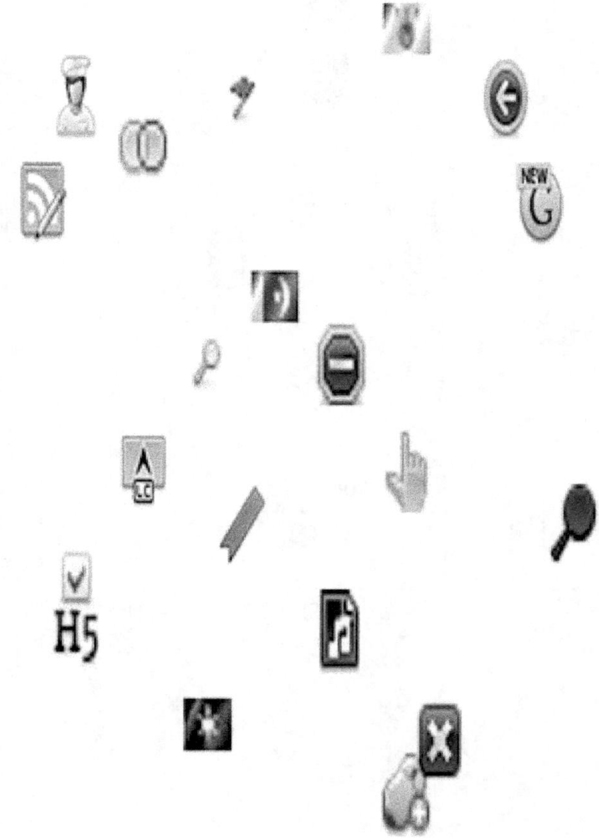
NEW
H5

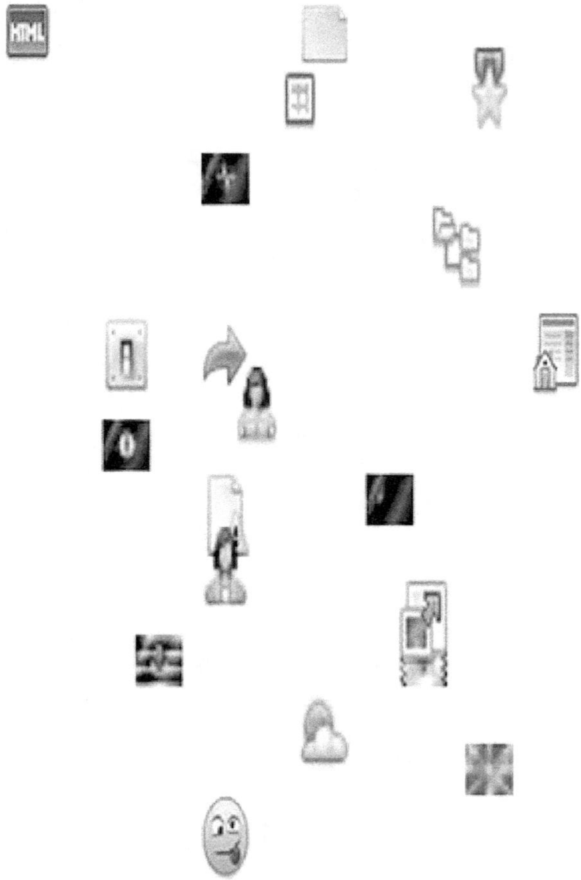
HTML

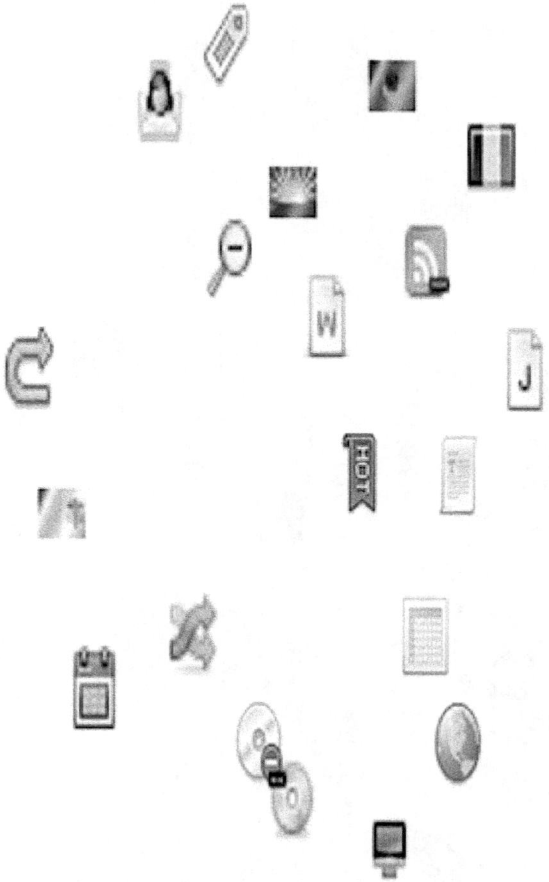
W
J
HOT

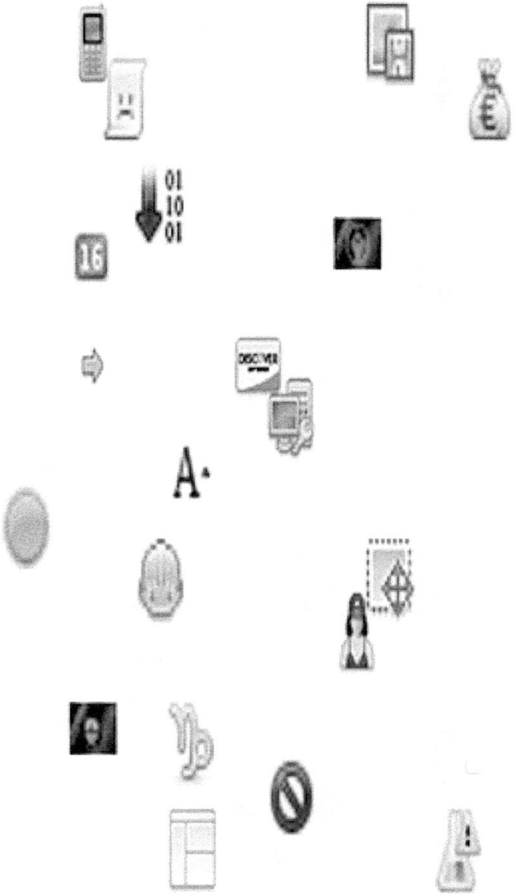
01
10
01
16
DISCOVER
A

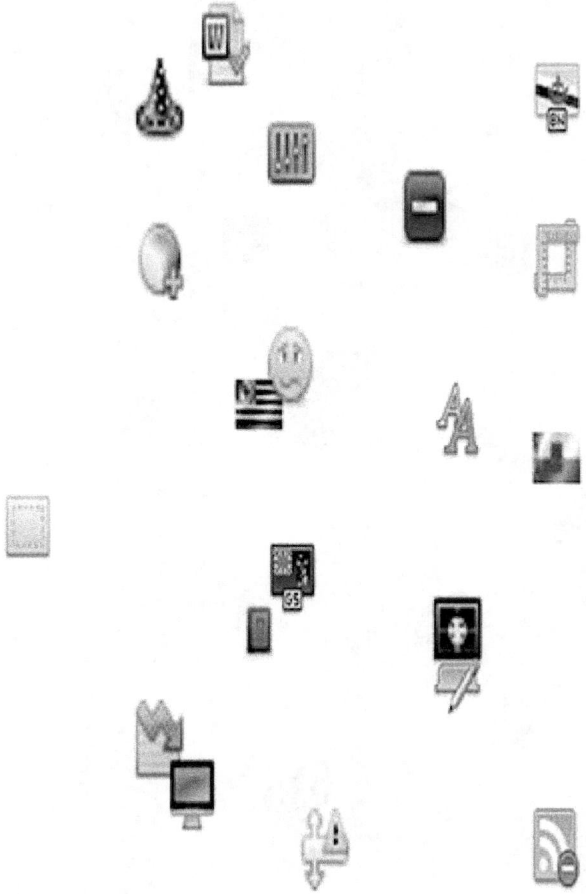

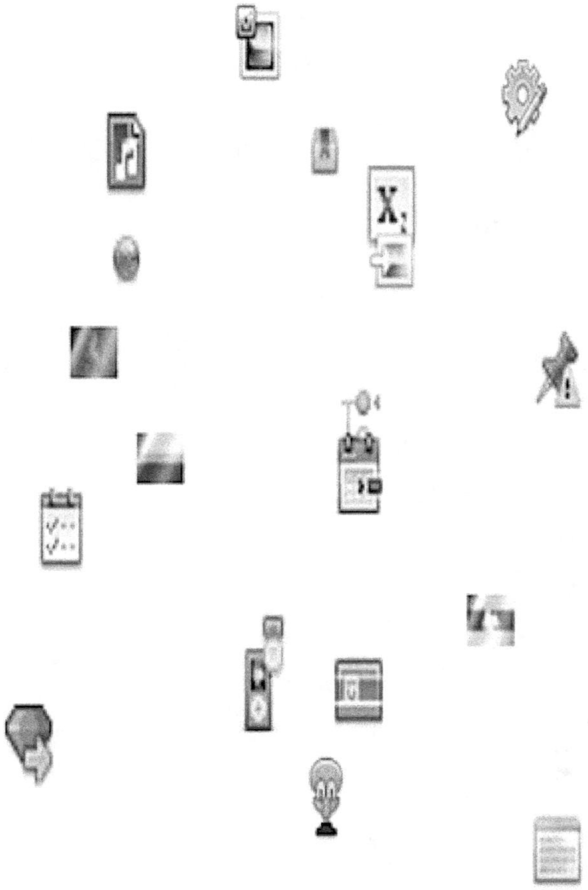

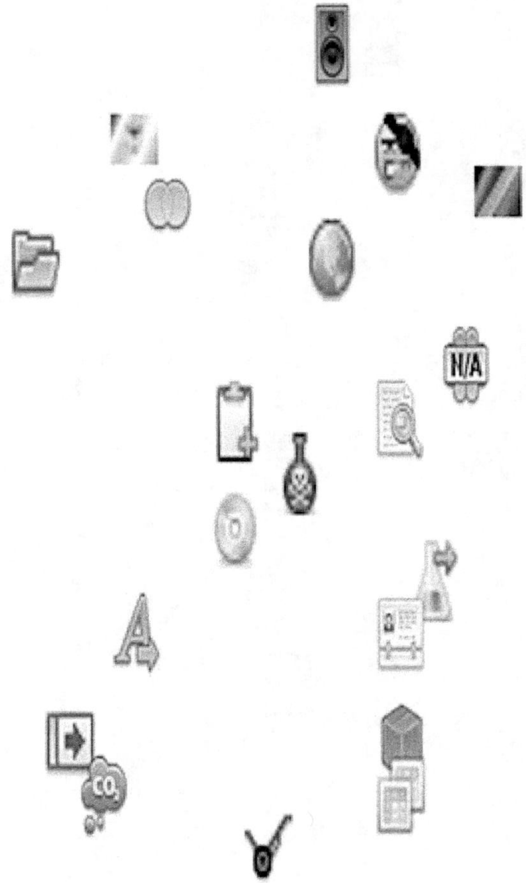
N/A

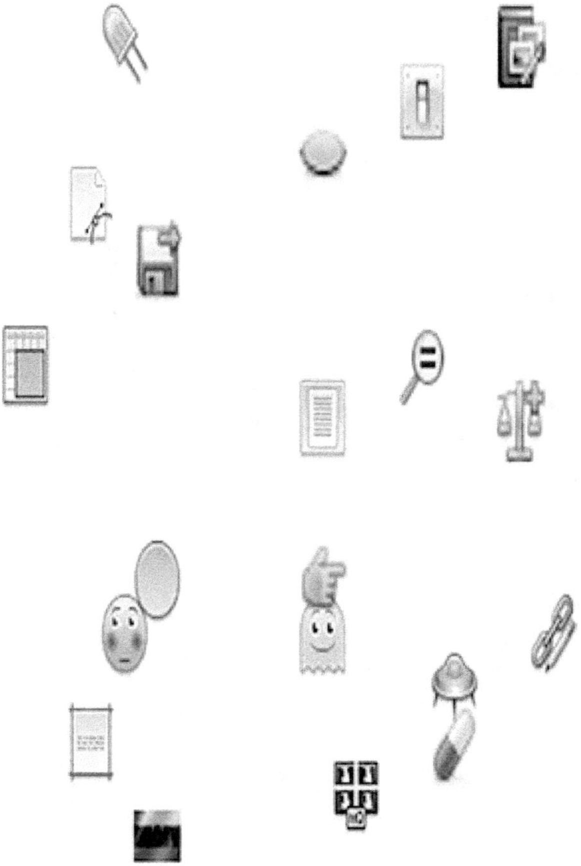

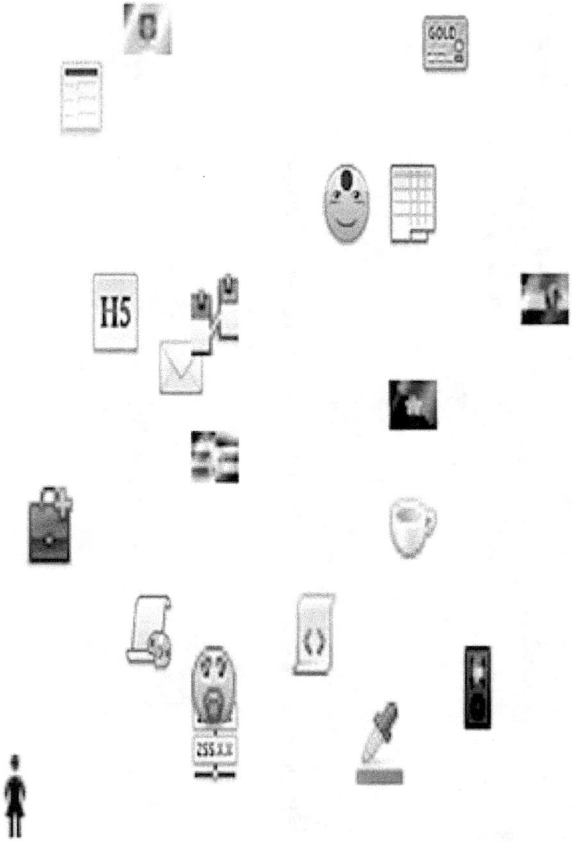
GOLD
H5

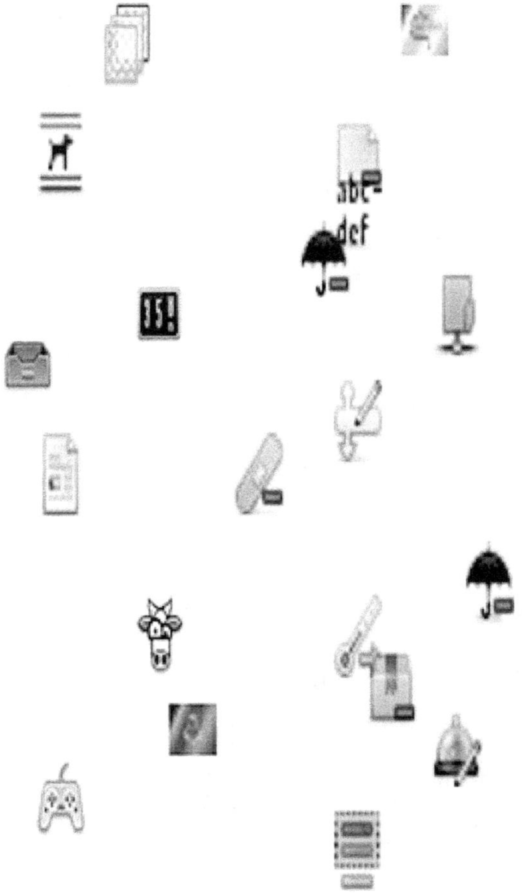

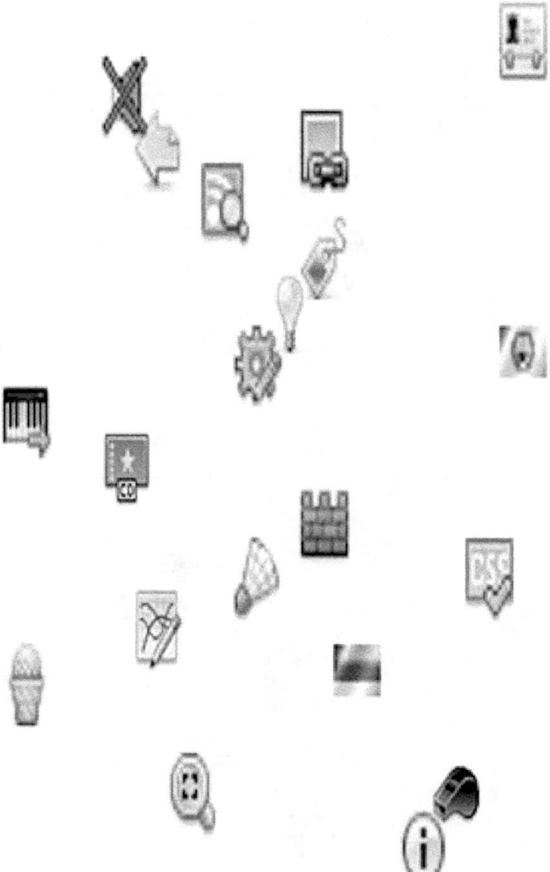

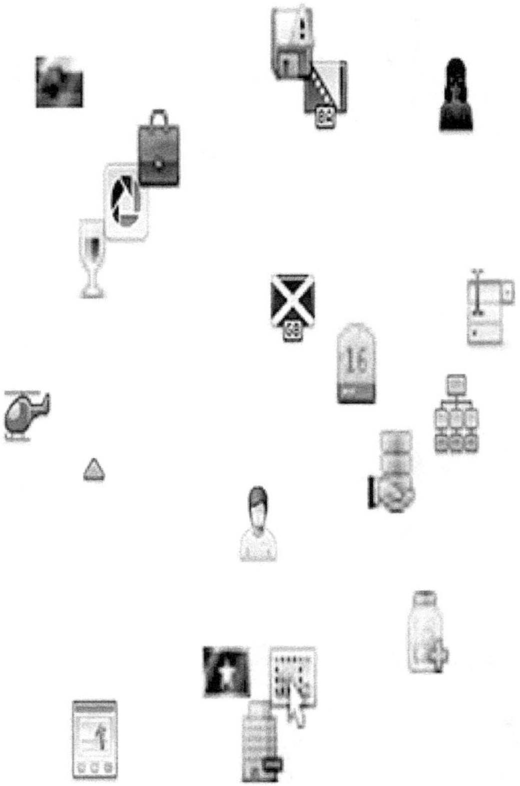

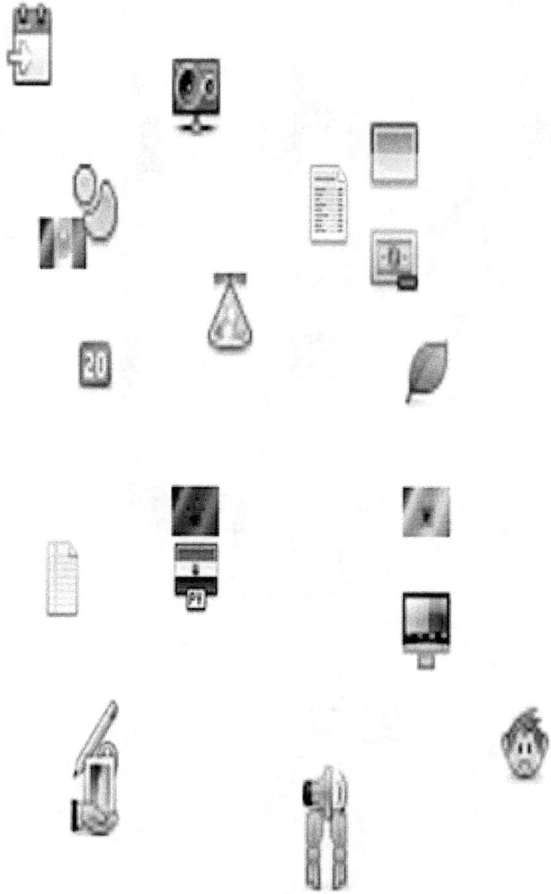

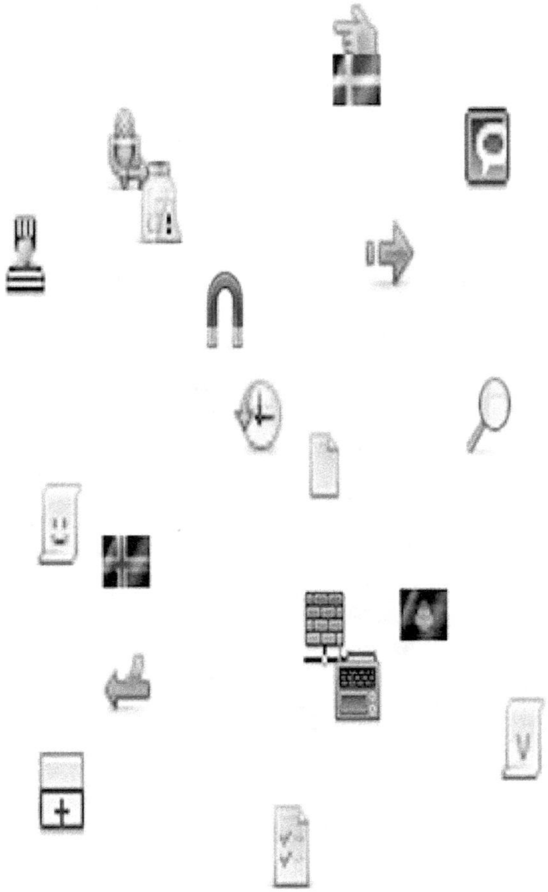

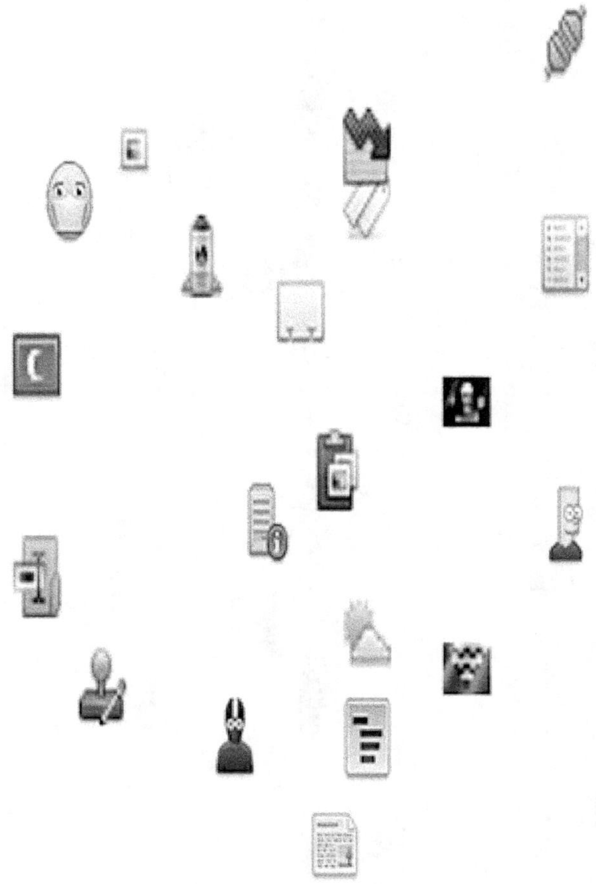

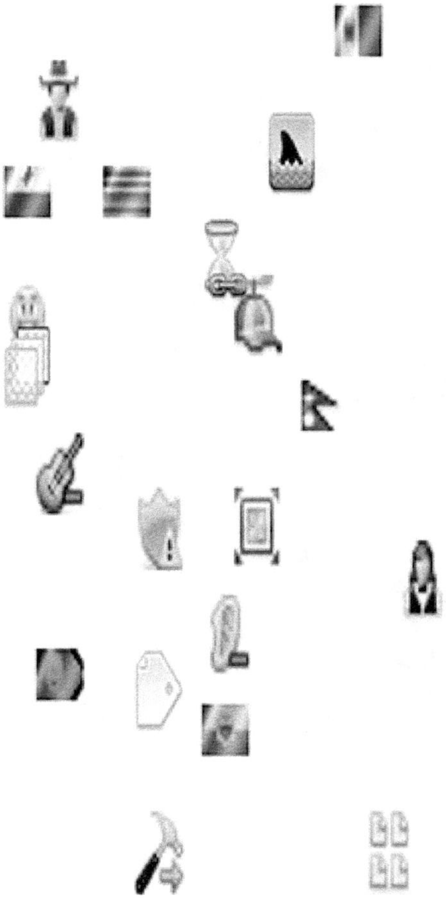

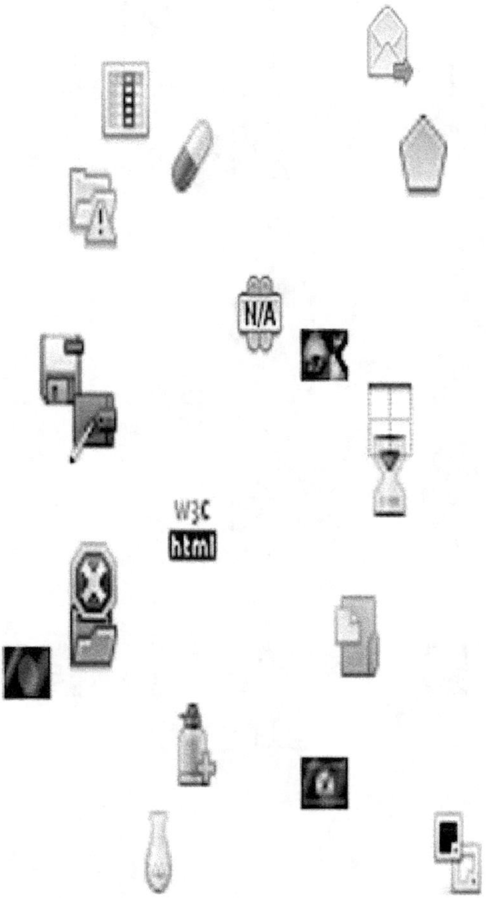
N/A
W3C
html

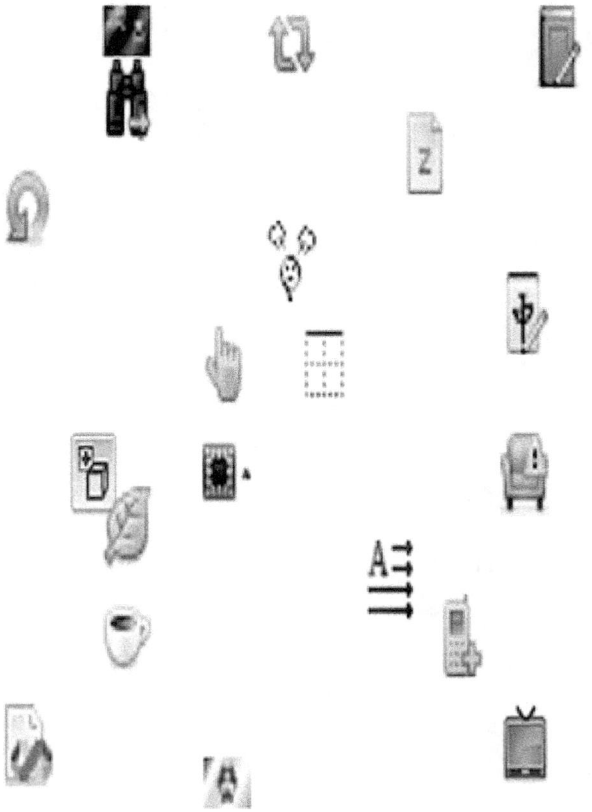

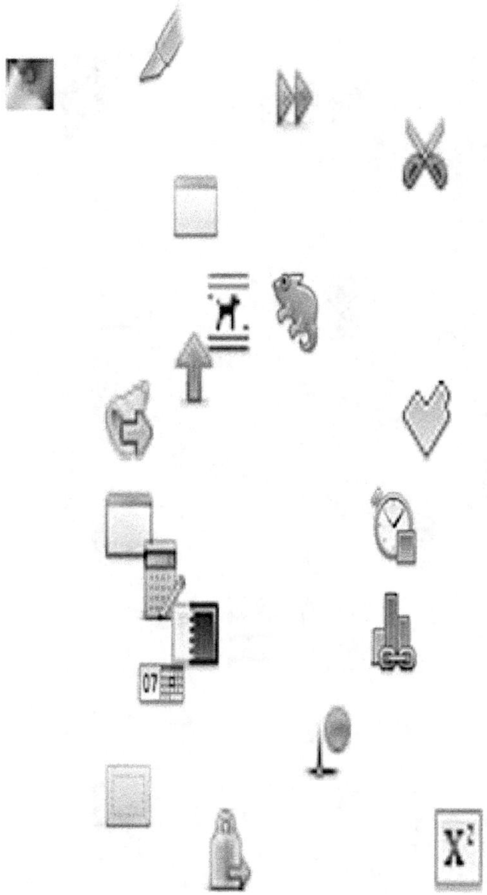

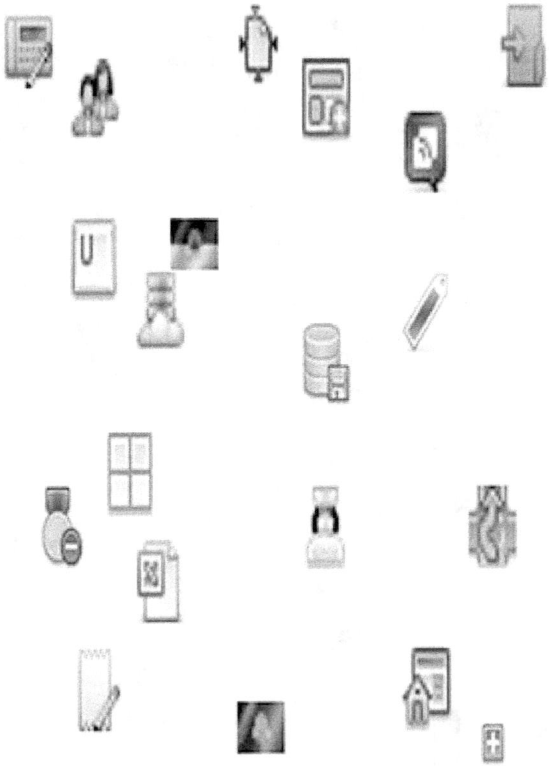

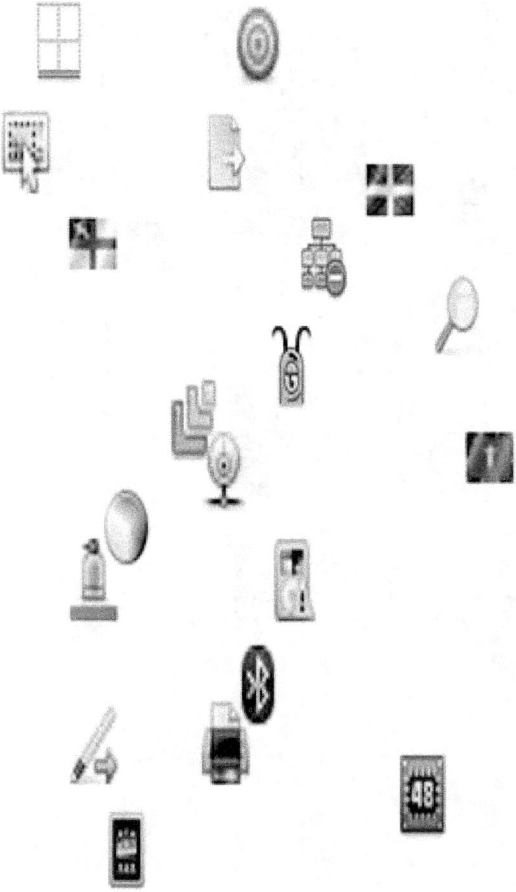

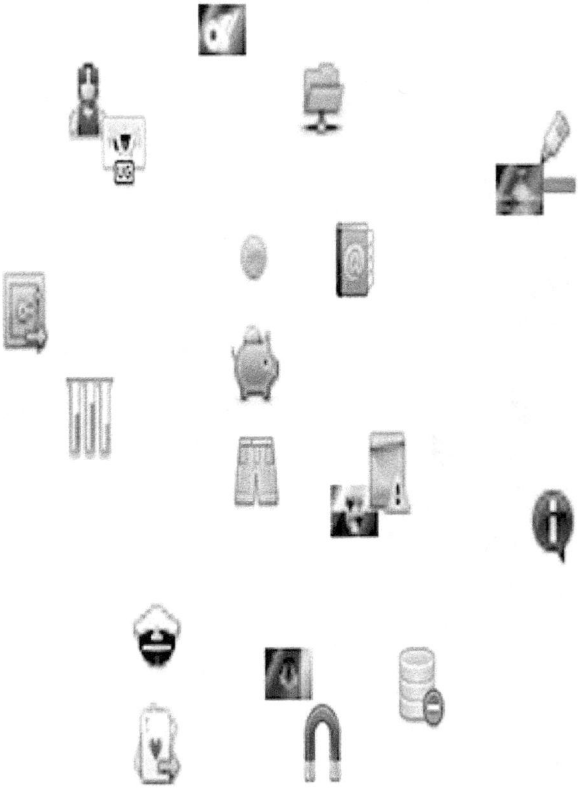

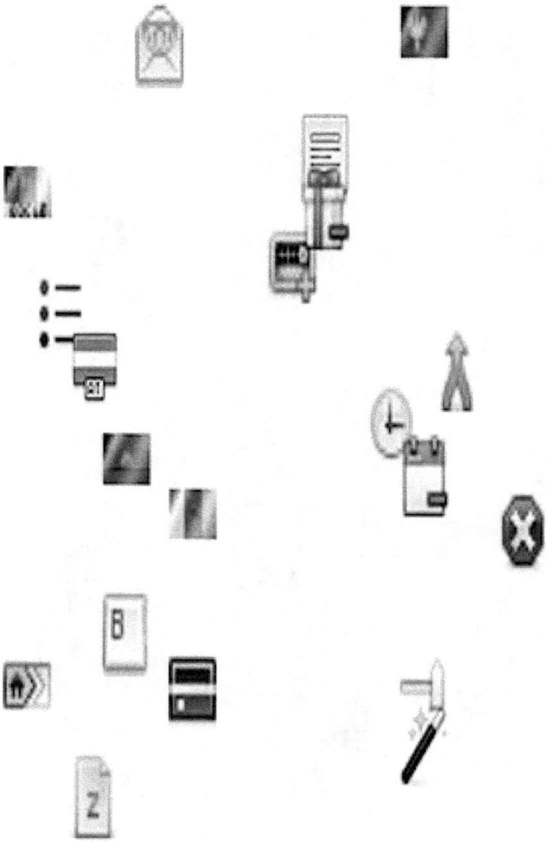

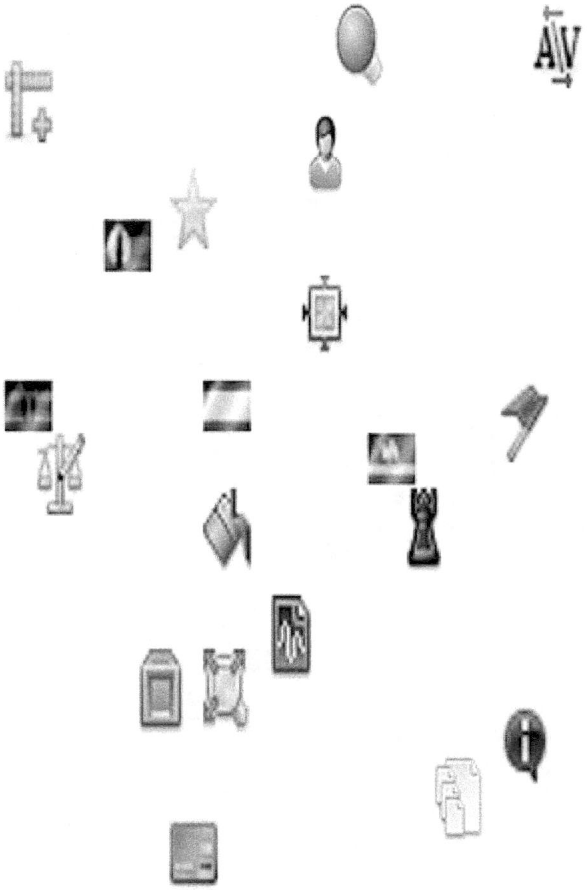
AV

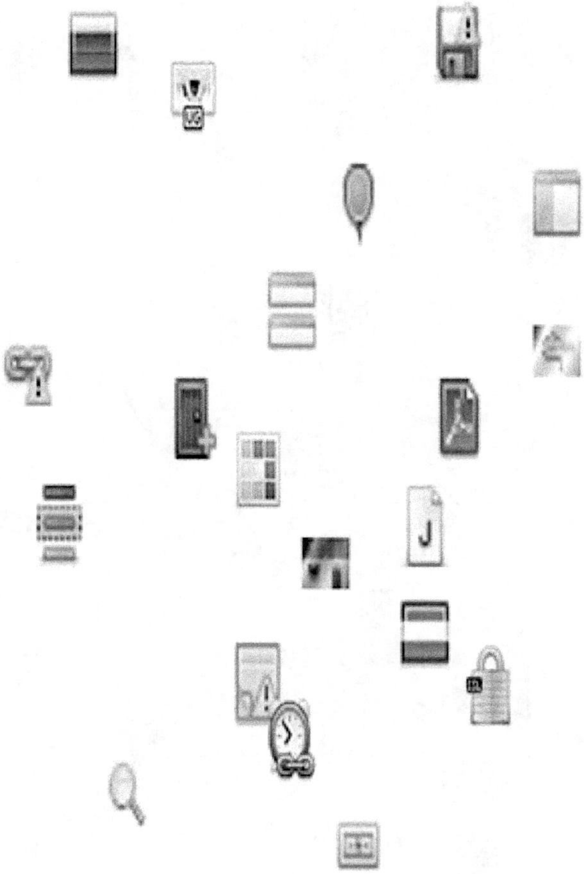

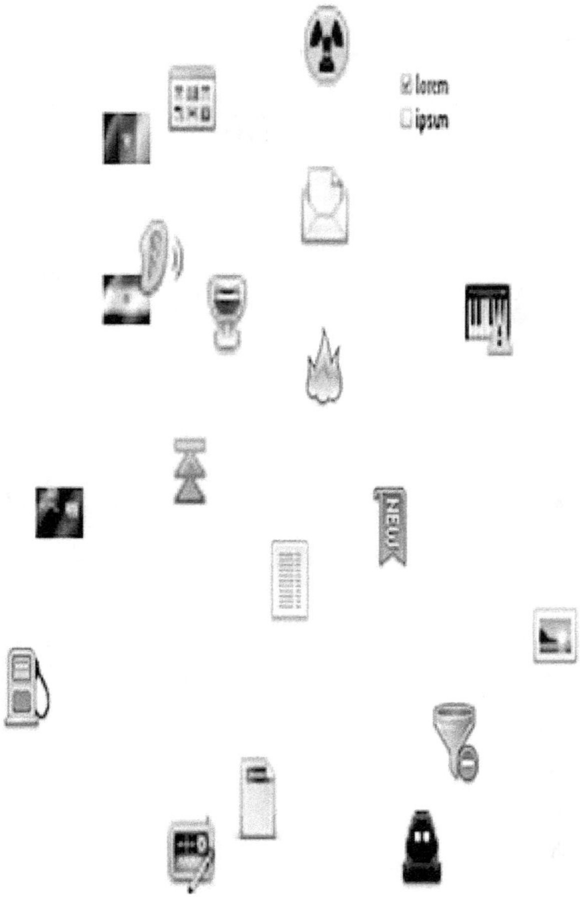
☑ lorem
☐ ipsum
NEW

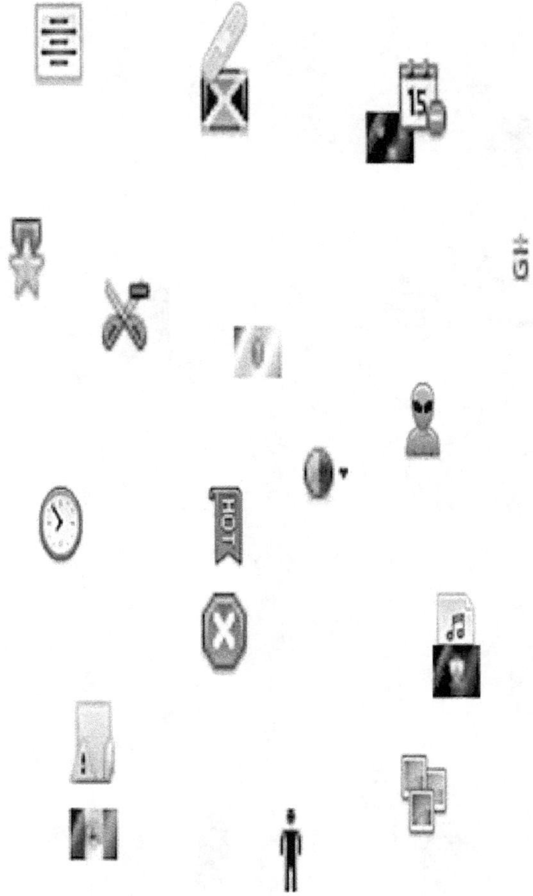

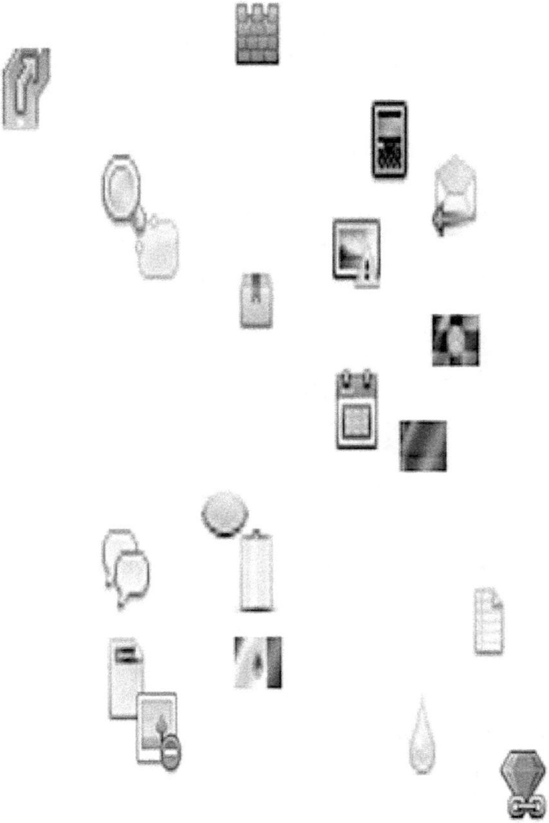

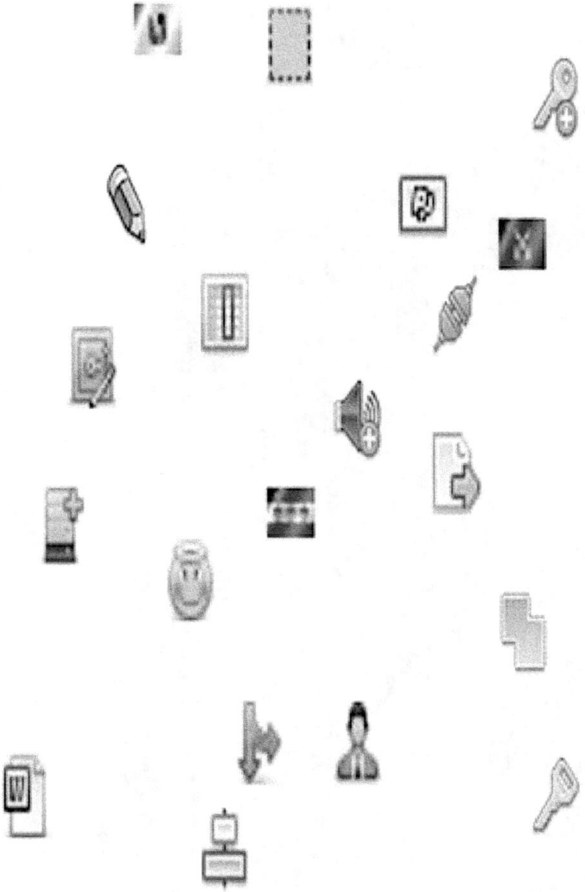

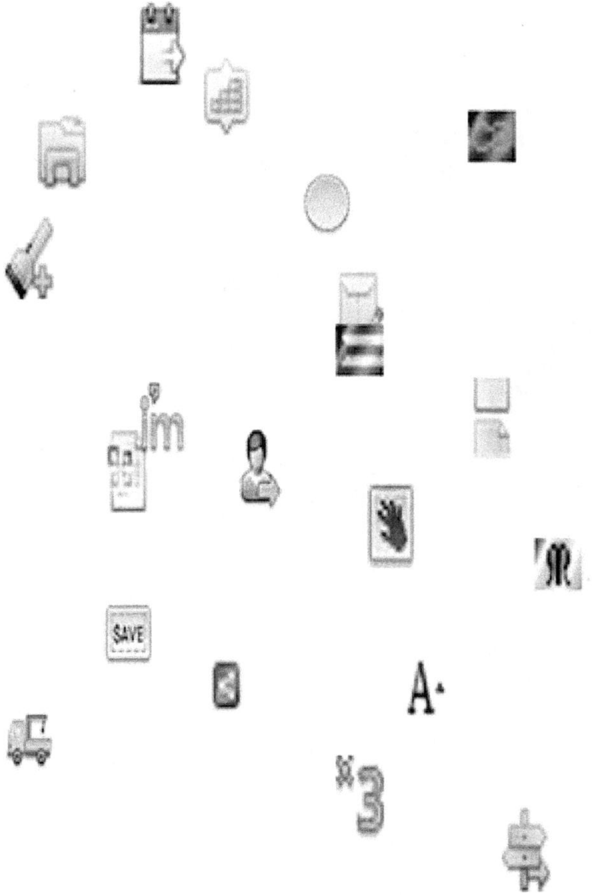

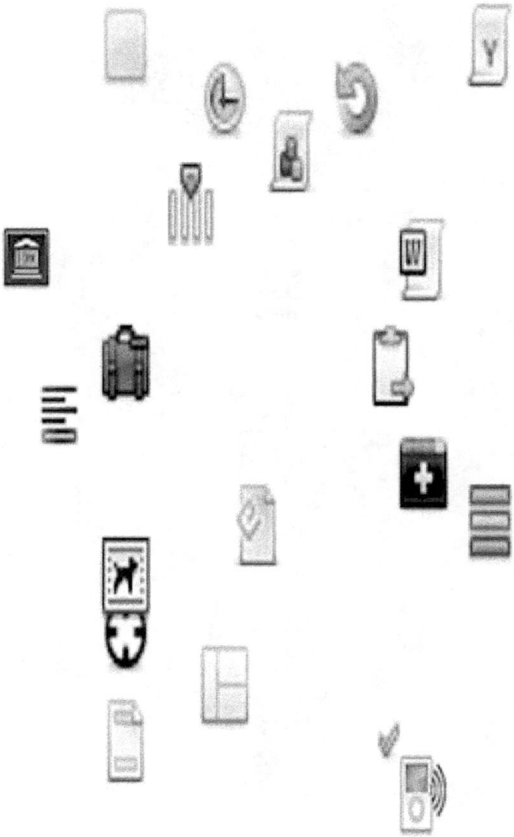

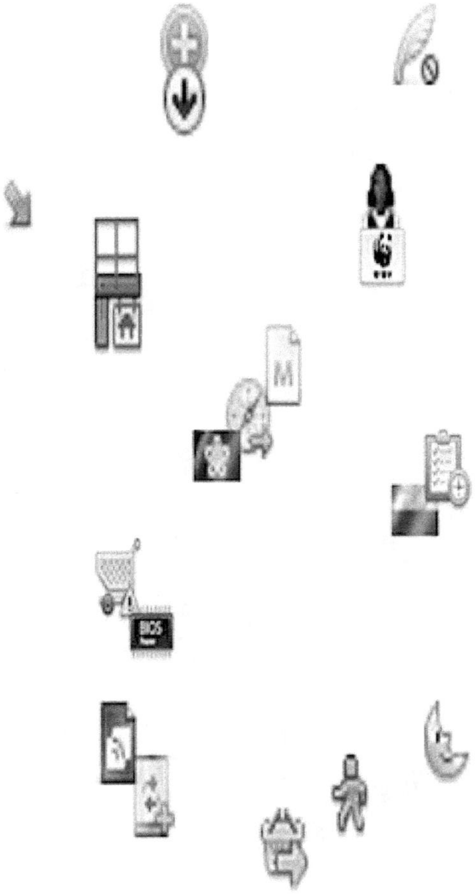

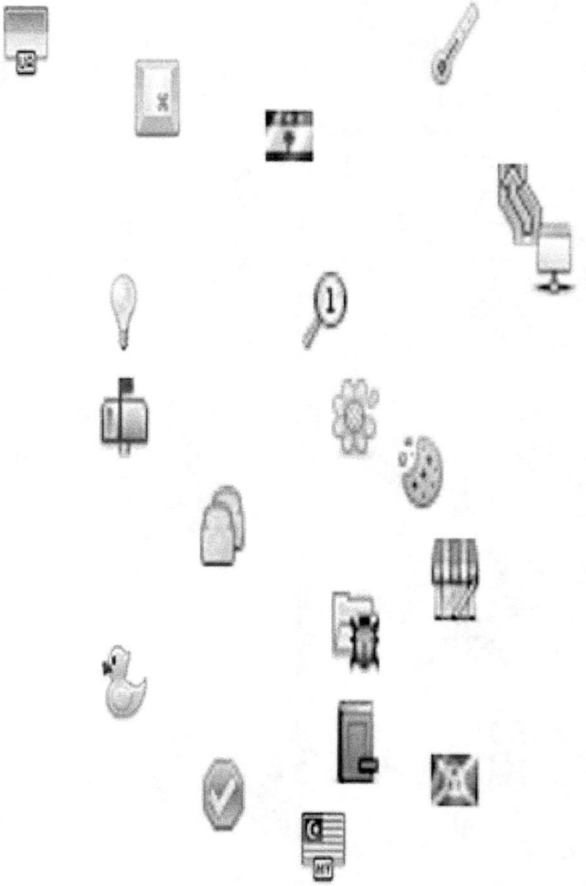

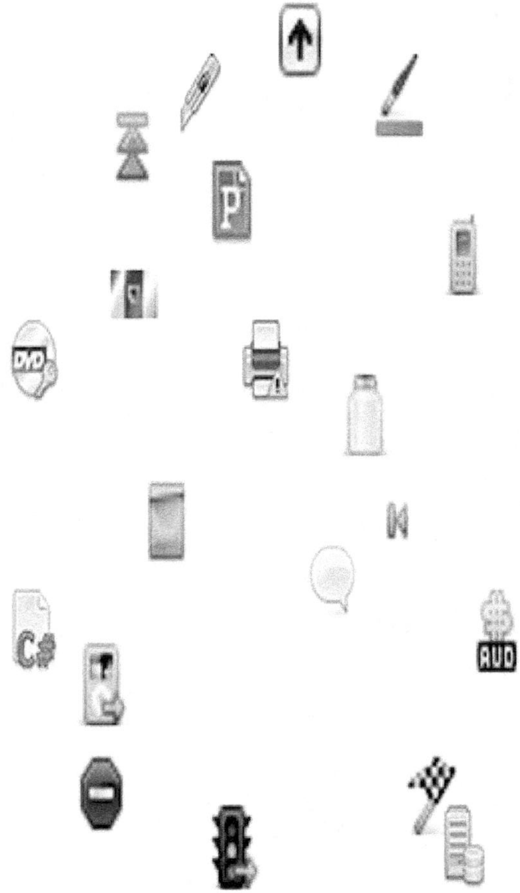
P
DVD
C#
AUD

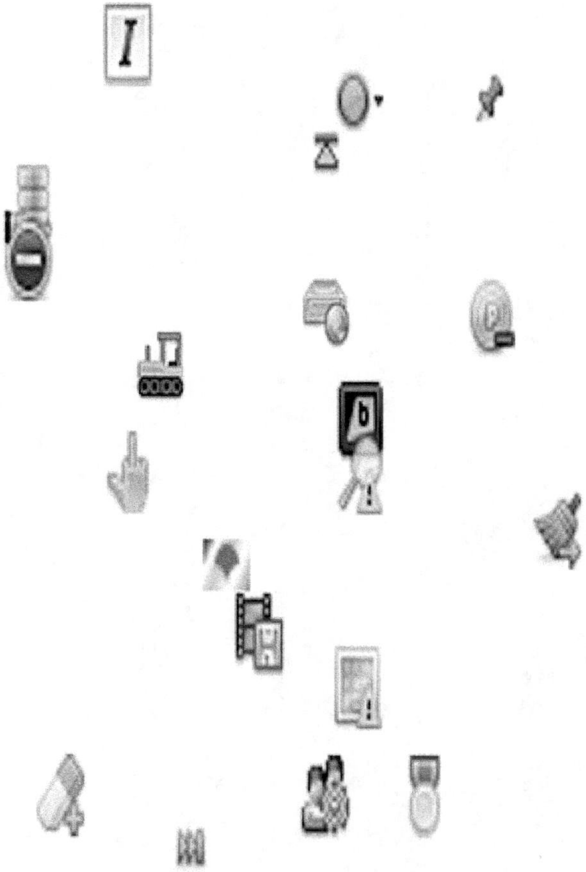

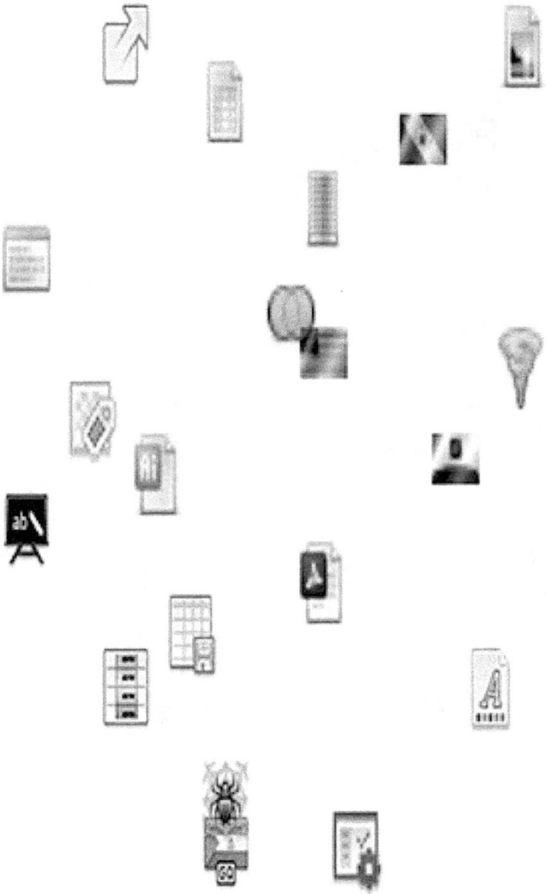

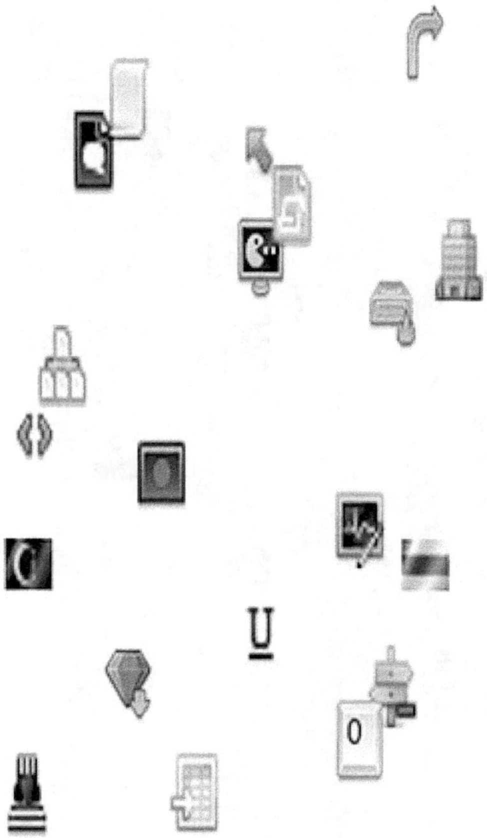

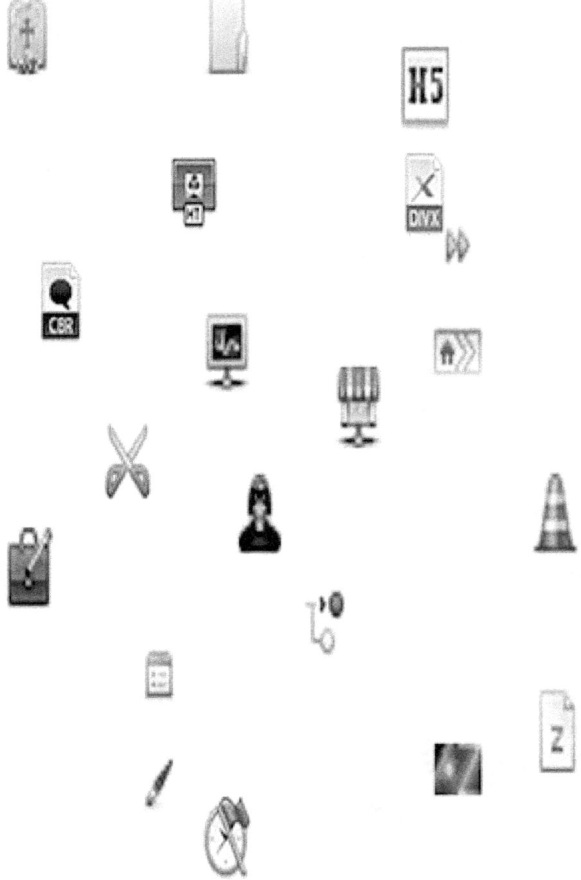
H5
DIVX
CBR
Z

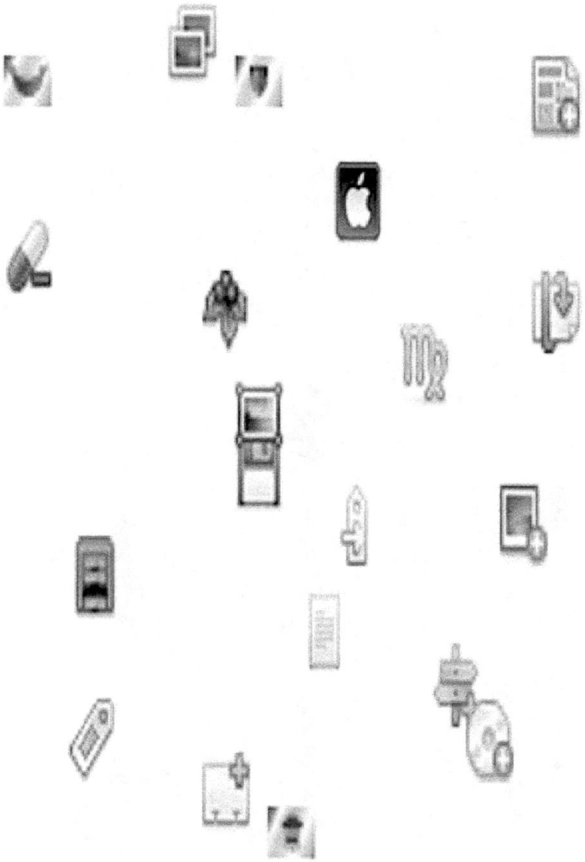

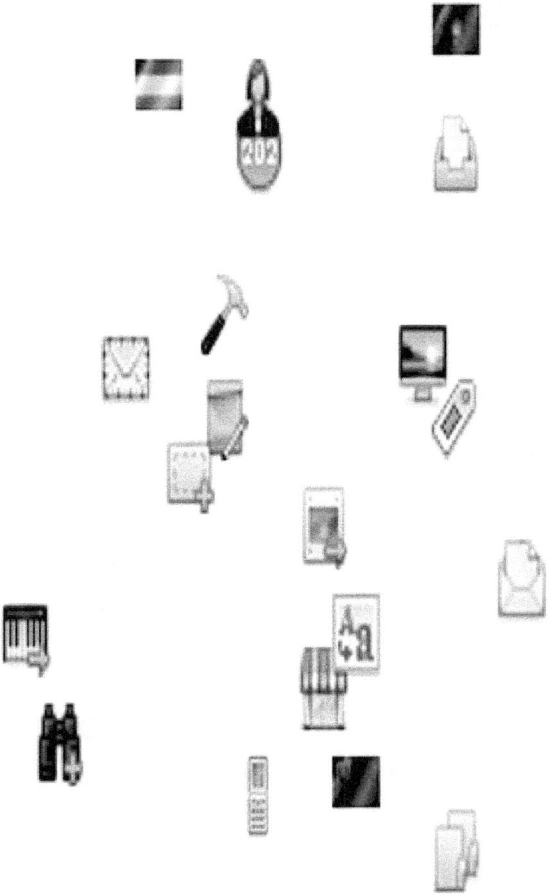
202

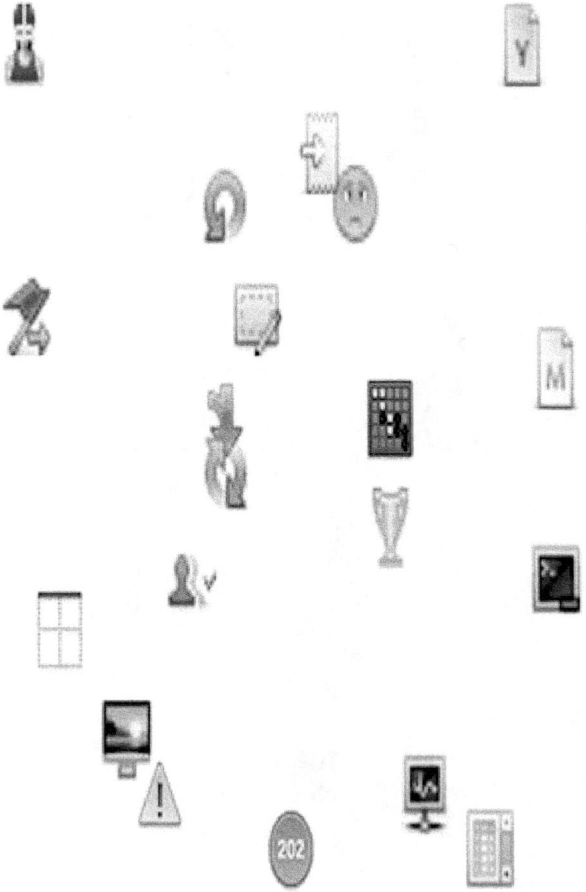
Y
M
202

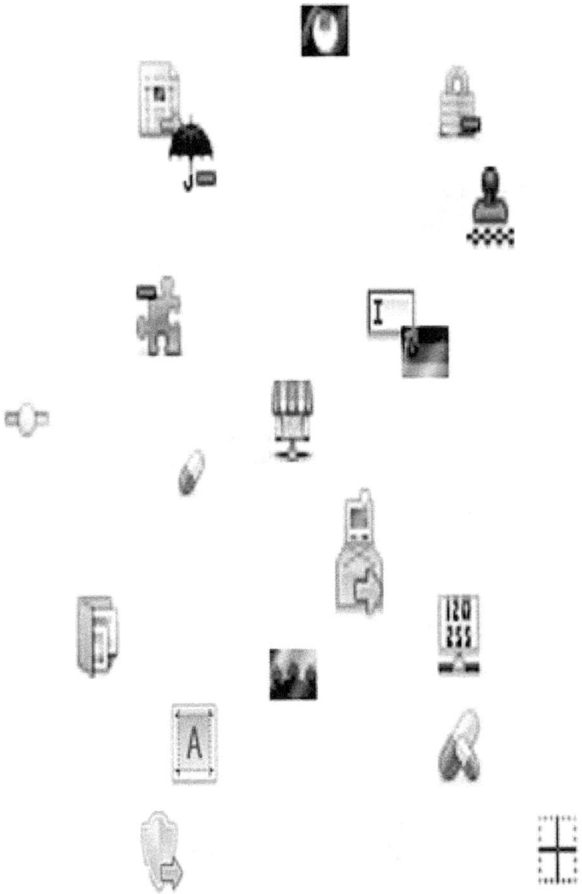

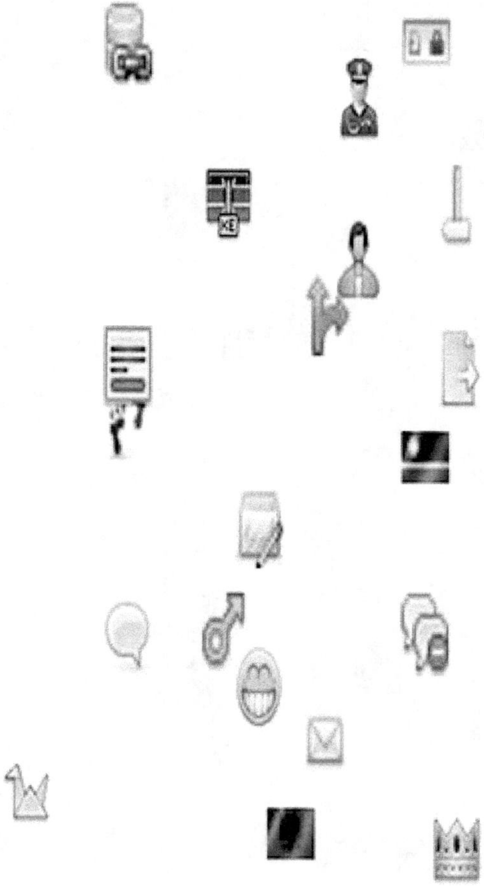

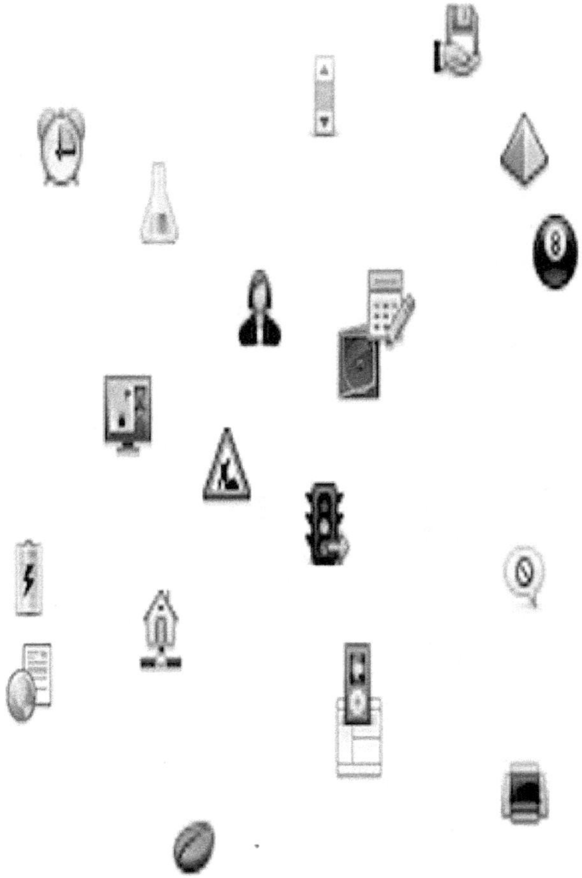

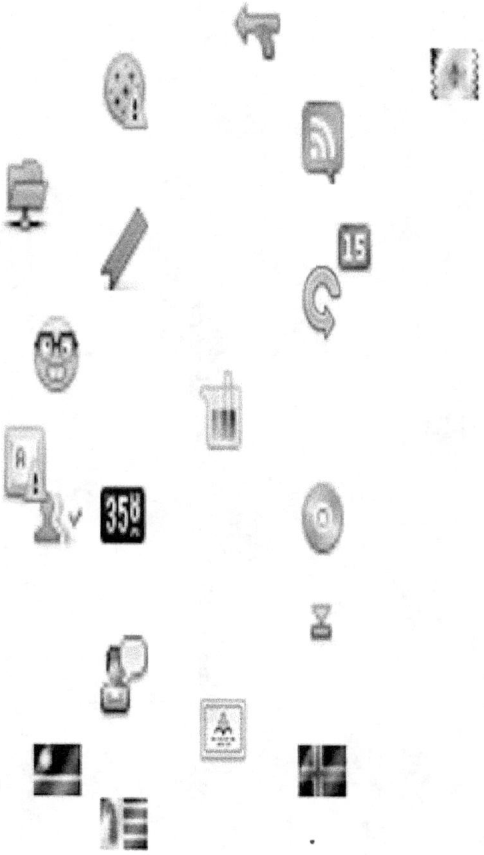

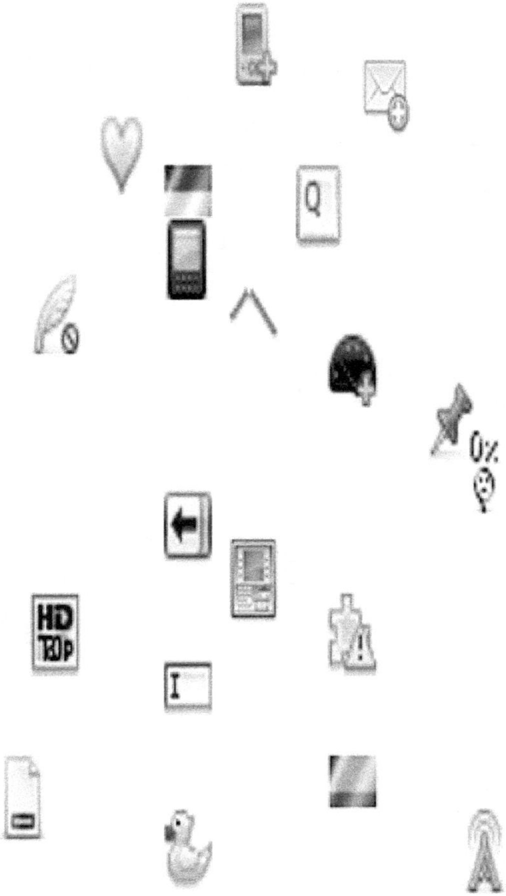
Q
HD

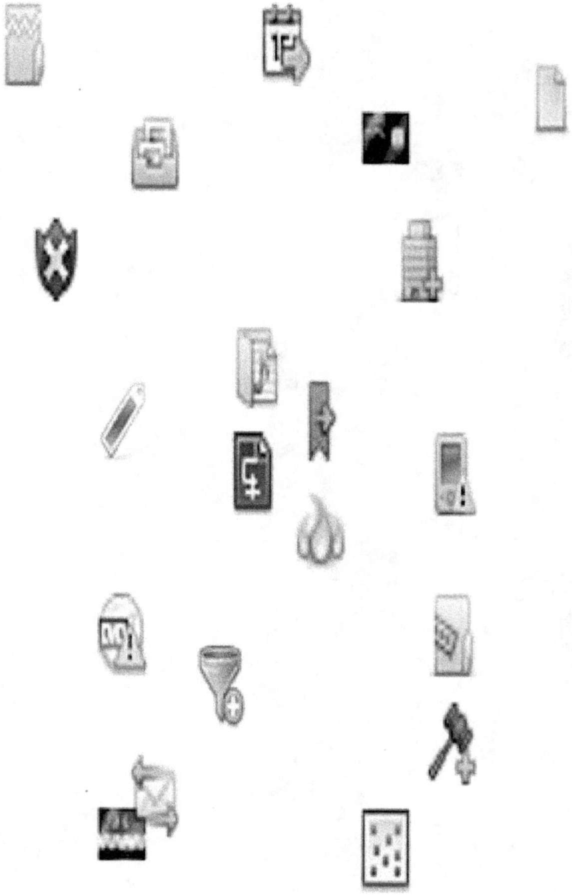

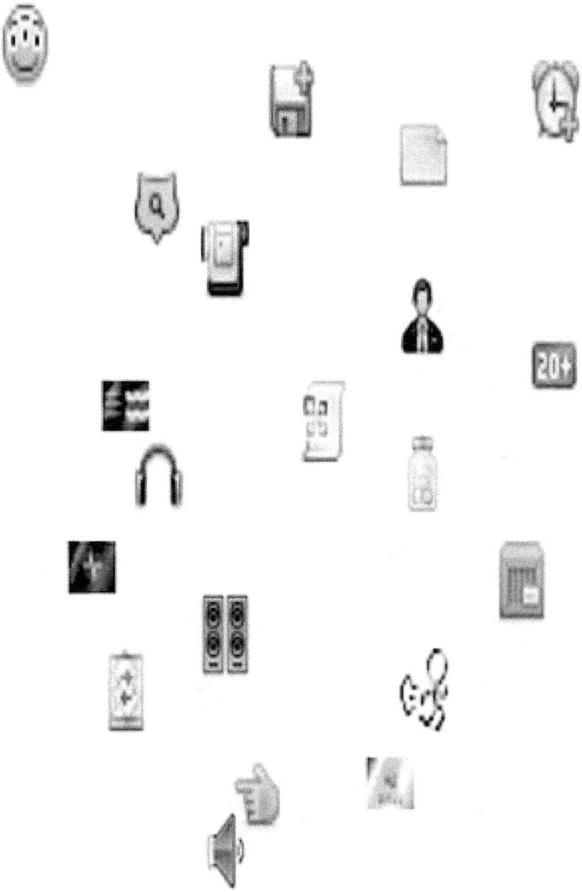
20+

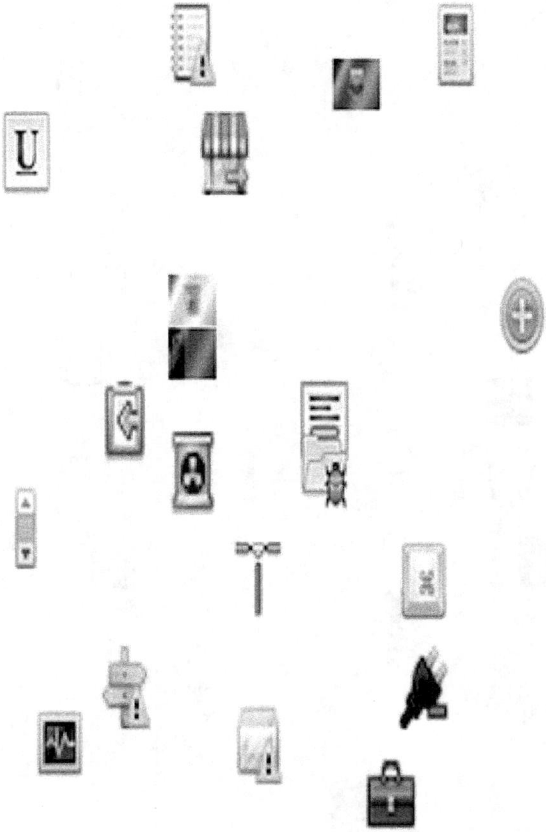

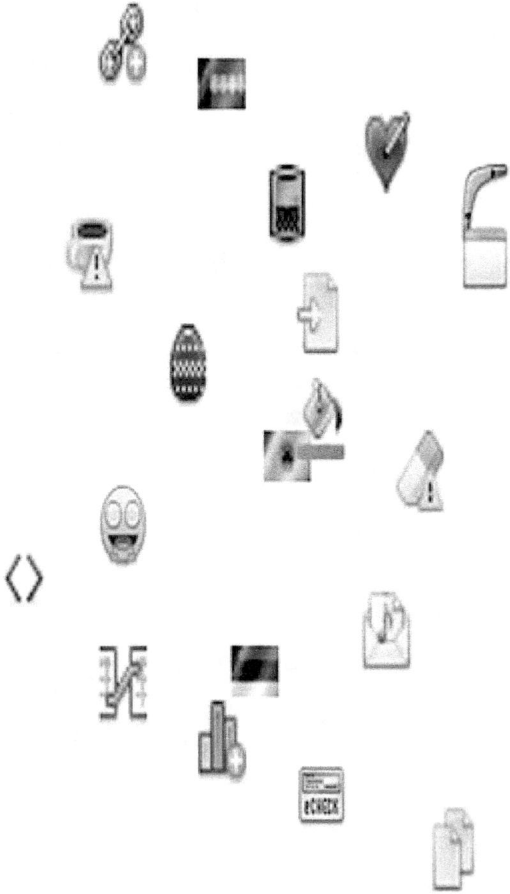
eCHECK

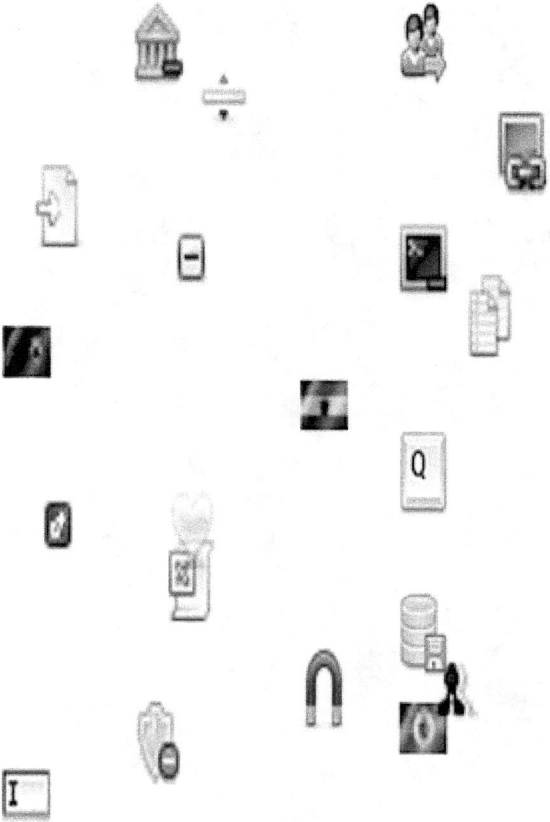

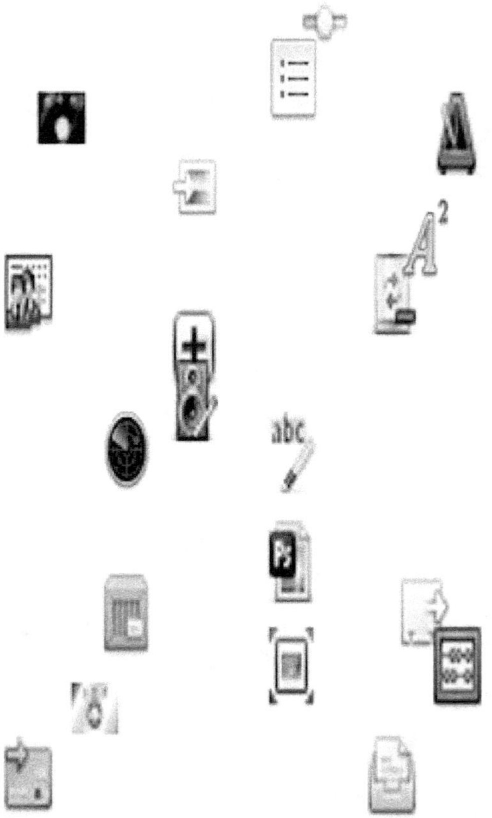
abc

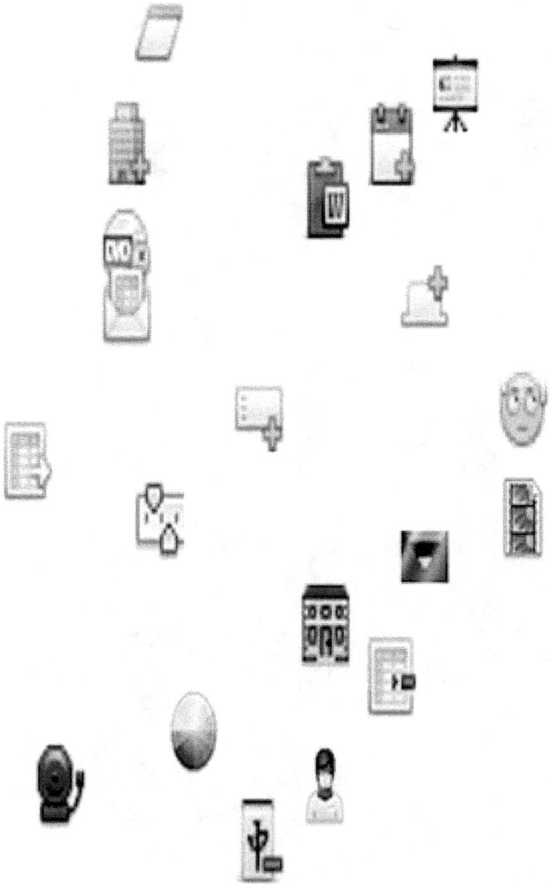

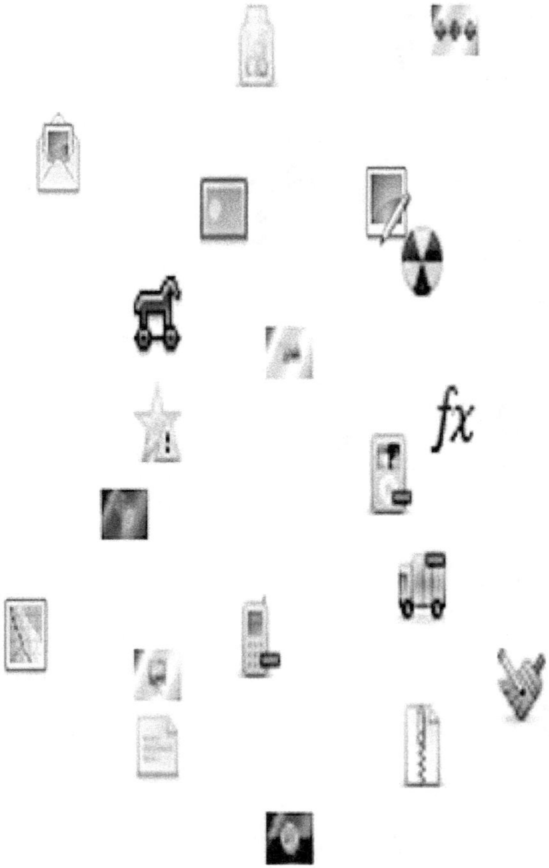

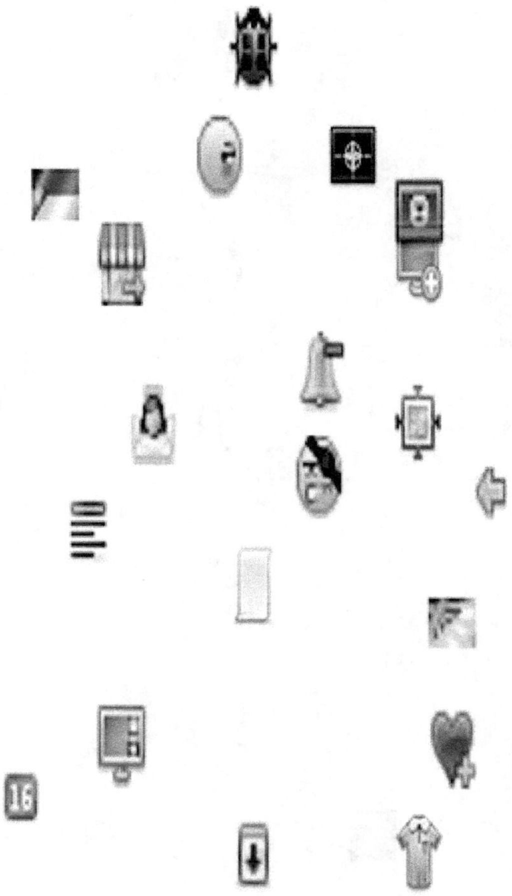

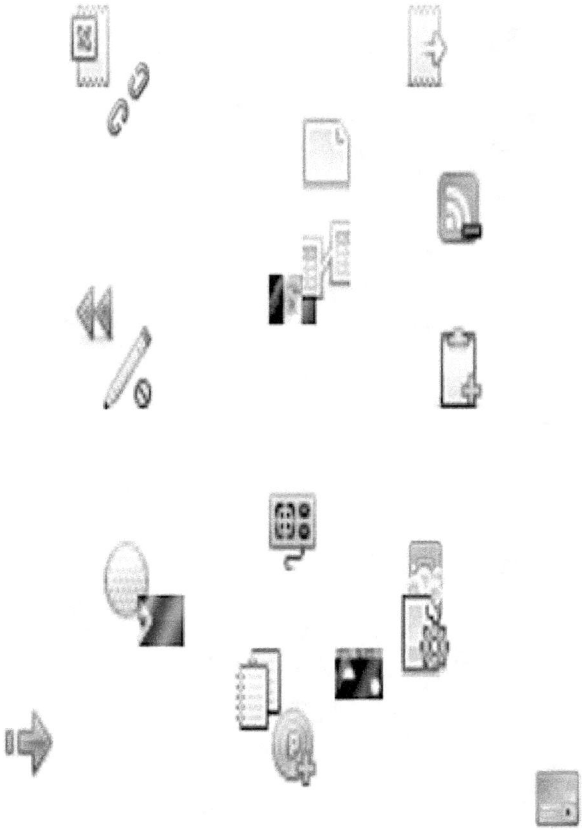

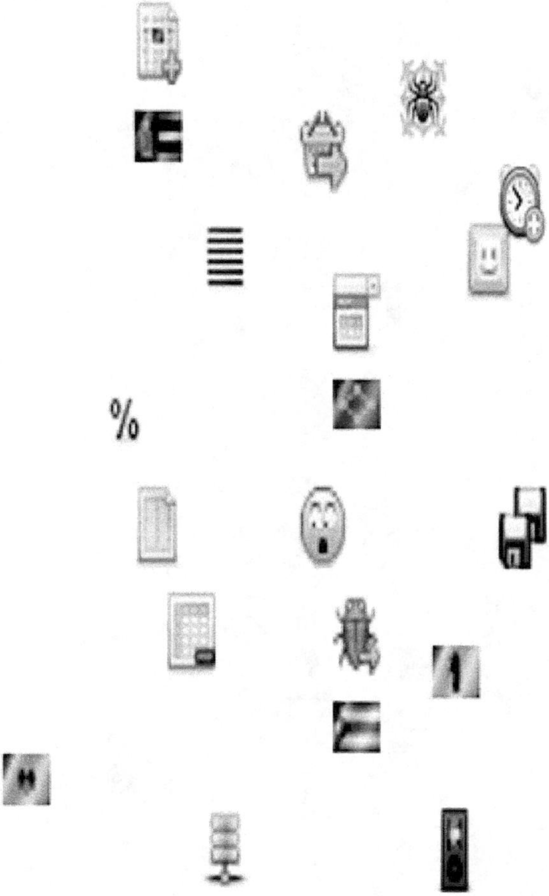

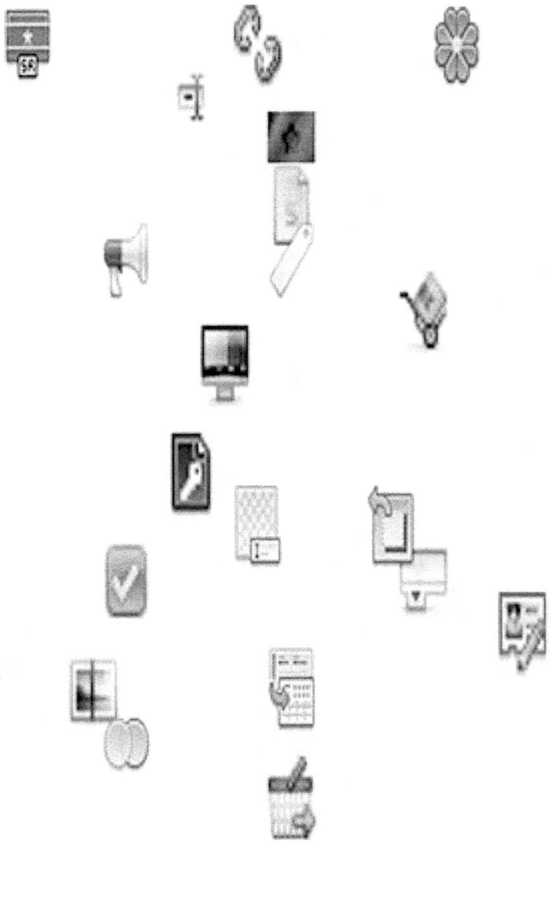

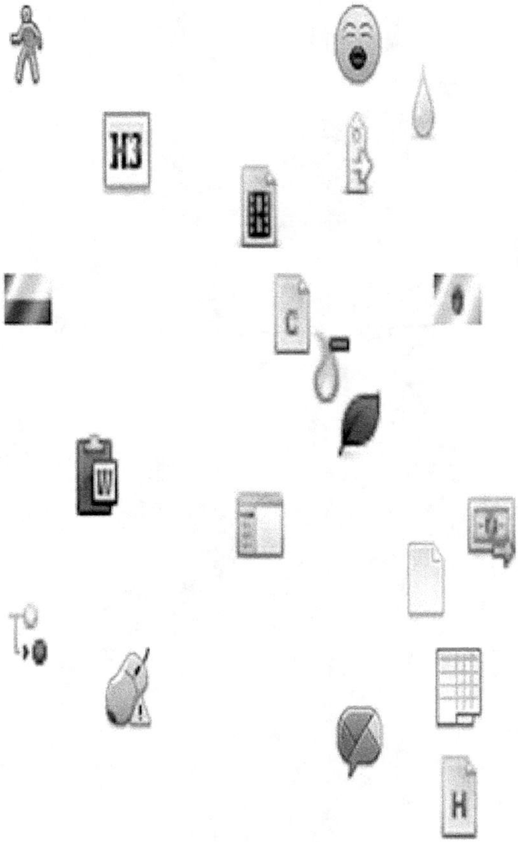

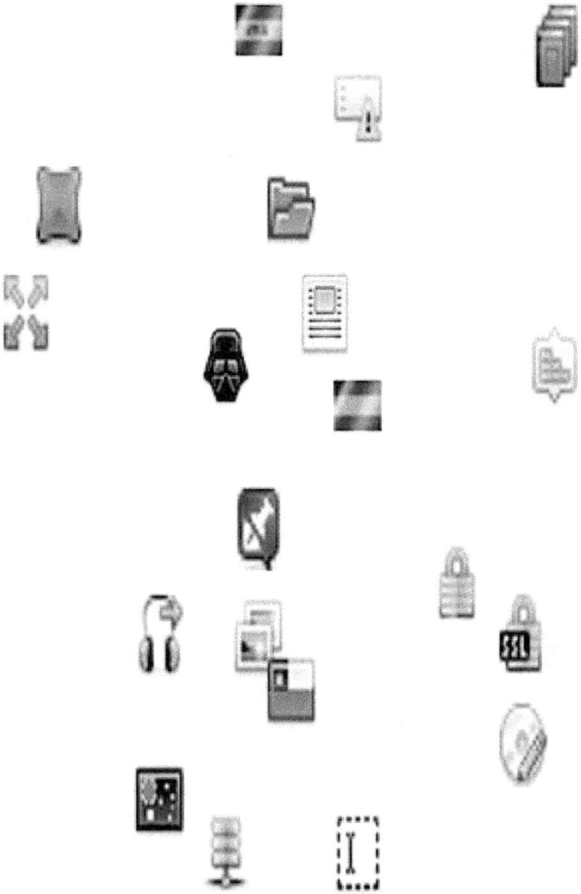
SSL

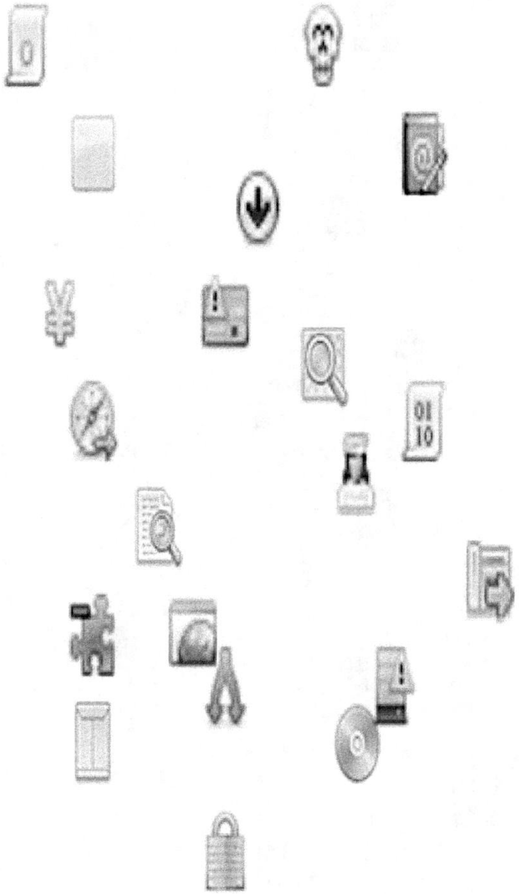

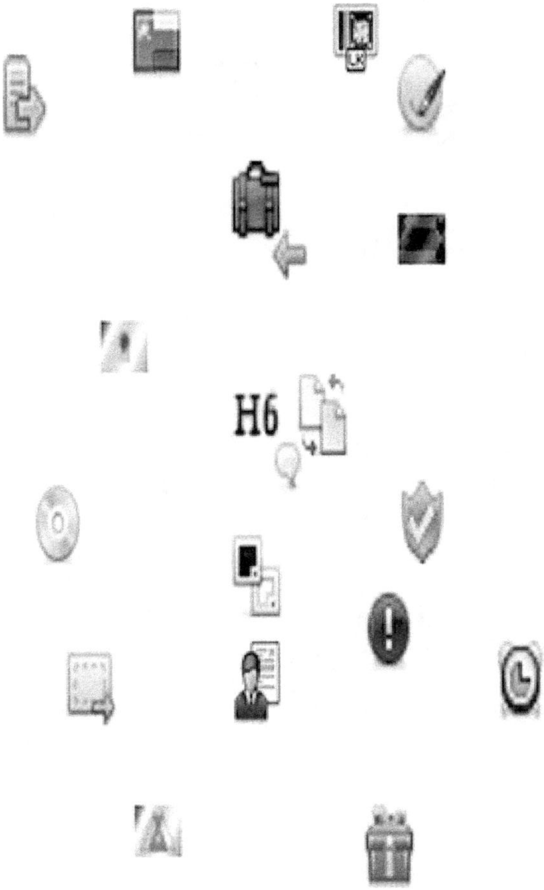
H6

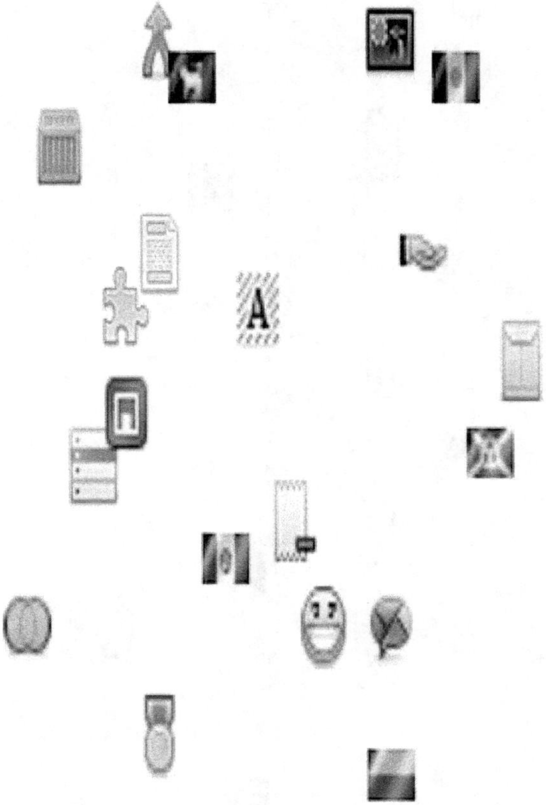